기본을 확실하게 잡아주는

씨앤톡
주니어 중국어 1

와! 너 중국어
실력 짱이다!

| 초판 발행 | 2006년 12월 22일 |
| 초판 20쇄 | 2020년 07월 05일 |

저자	김정희
발행인	이진곤
발행처	씨앤톡

| 등록일자 | 2003년 5월 22일 |
| 등록번호 | 제 313-2003-00192호 |

| ISBN | 978-89-90763- 99-0 |

주소	경기도 파주시 문발로 405
홈페이지	www.seentalk.co.kr
전화	02-338-0092
팩스	02-338-0097

ⓒ2008, 김정희

기본을 확실하게 잡아주는

씨앤톡 주니어 중국어 1

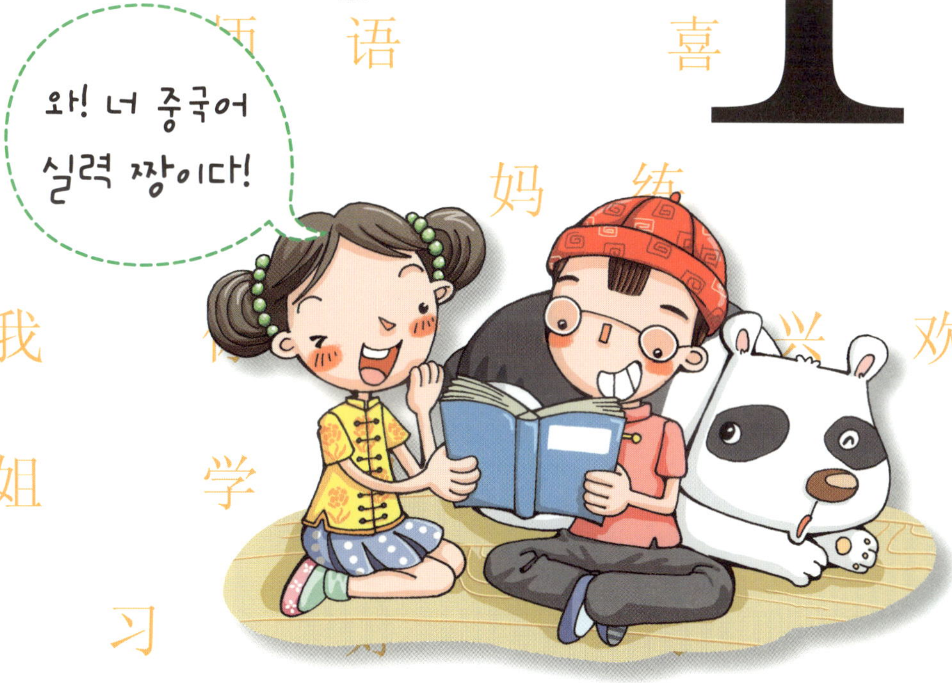

씨앤톡
See&Talk

머리말

21세기 지구촌에 가장 큰 화제는 당연히 중국의 엄청난 도약입니다. 중국의 브레이크 없는 성장은 2020년쯤 미국을 충분히 능가할 수 있는 초경제 대국의 위상을 지니게 될 것이라는 것이 전문가들의 한결같은 입장입니다. 이런 상황에서 우리는 중국어 교육의 필요성을 절실히 느끼며 좀 더 참신하고 효과적인 학습 방법이 절대적으로 요구되는 때입니다.

오랜 기간 동안 일선에서 중국어를 지도하며 느낀 가장 안타까운 부분은 학생들이 쉽게 배울 수 있고 체계적이며 생동감 있는 주니어 교재가 부족하다는 점입니다. 가능성과 잠재력이 무한한 학생들은 매우 정확하고 빠르게 유창한 중국어를 표현합니다. 때문에 그 가능성을 더욱 훌륭하게 발휘할 수 있도록 체계적인 교재를 통한 교육이 중요합니다.

본 교재는 중국어를 처음 접하는 유년기는 물론이고 중·고등학교 교과 과정과 연계될 수 있는 생활회화를 중심으로 기초를 탄탄하게 다지면서 내용과 구성이 충실하도록 고민하였습니다.

언어는 듣기, 말하기, 읽기, 쓰기의 4가지 영역을 동시에 향상시켜야 하는 원칙 아래 본 교재는 모든 영역을 충실히 공부할 수 있도록 워크북을 통한 응용력 향상에도 주력하였습니다.

본 교재가 중국어를 배우는 학생들에게 처음 접하는 순간의 기대와 떨림이 희망으로 이어져 훌륭한 중국어를 표현할 수 있는 밑거름이 되기를 바랍니다.

마지막으로 많은 독자 여러분들의 격려와 아낌없는 비판을 기다리겠습니다.

2006년 12월 김정희

목차

구성 및 특징

씨앤톡 주니어 중국어 1편은 총12과로 구성되어 있으며 하나의 역할극과 한 편의 동화로 구성되어 있습니다.
한 과는 즐거운 기본회화, 콕콕 Point, 탄탄 회화연습, 쏙쏙 테스트, 술술 읽기로 구성되어 있습니다.

즐거운 기본회화

길지 않은 회화문을 통해 그 과에서 가장 핵심이 되는 문형 및 표현을 익힐 수 있습니다.

콕콕 Point

즐거운 기본회화에 나온 문형을 바탕으로 알아두어야 할 내용을 콕콕 찍어 알기 쉽게 설명했습니다.
주제별 주요 단어는 중국어 학습에 흥미를 더해줄 수 있도록 그림으로 엮었습니다.

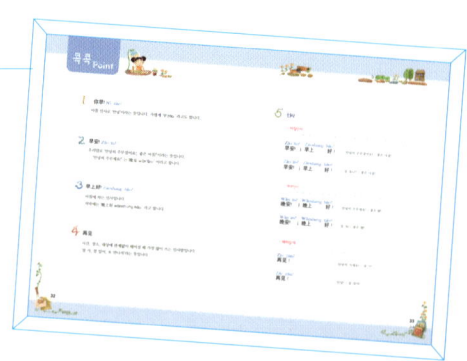

탄탄 회화연습

즐거운 기본회화에 나온 핵심문형 및 표현을 따로 연습할 수 있게 꾸몄습니다.
학생들이 많이 쓰는 회화표현만 골라 넣어 흥미롭게 학습할 수 있습니다.

쑥쑥 테스트

발음과 듣기, 회화 연습에 중점을 두어
구성하였습니다. 워크북과 함께 보면서
연습하세요. 쓰기 연습은 워크북에서 해
볼 수 있습니다.

워크북

병음 쓰기와 한자 쓰기에 중점을 두어 구
성했습니다. 한 과를 모두 학습한 후에
워크북으로 복습해 보세요.

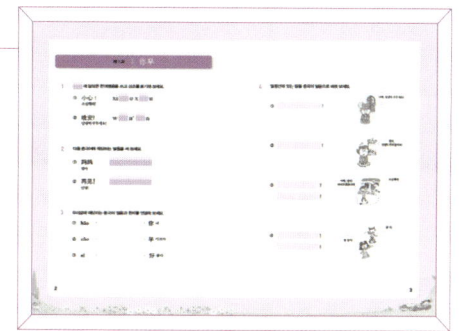

워크북 쓰기 연습

한자와 중국어 간체자를 비교하며 쓰기
연습을 할 수 있게 만든 공간입니다.
큰 소리로 읽는 연습과 한자 쓰기 연습을
동시에 해 보세요.

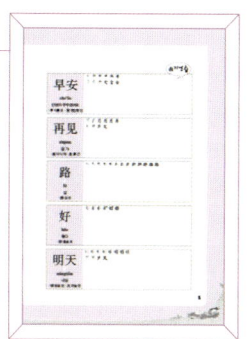

술술 읽기

큰 소리로 읽으면서 연습하세요. 중국어
를 처음 배울 때에는 발음이 제일 중요하
므로 큰 소리로 자꾸 읽어보는 연습이 필
요합니다. 기본 문장을 확장형식으로 꾸
며서 문형도 함께 익힐 수 있습니다.

역할극 – 나도 연기자

생일 파티하는 모습을 역할극으로 꾸몄습니다. 그룹으로 학습할 경우에는 학생들이 역할을 맡아서 중국어로 연기도 해볼 수 있습니다. 생일 축하노래도 함께 배워보세요.

동화

일곱 마리 아기 양 이야기를 중국어 동화로 꾸몄습니다. 배웠던 단어를 많이 사용하여 어렵지 않게 엮었으니 재미있게 학습해 보세요.

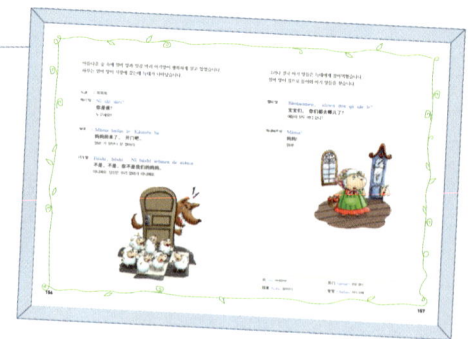

노래

중국어를 배우면 중국어 노래도 한두 곡할 수 있어야겠지요? 쉬운 노래 두 곡을 실었으니 들으면서 따라해 보세요.

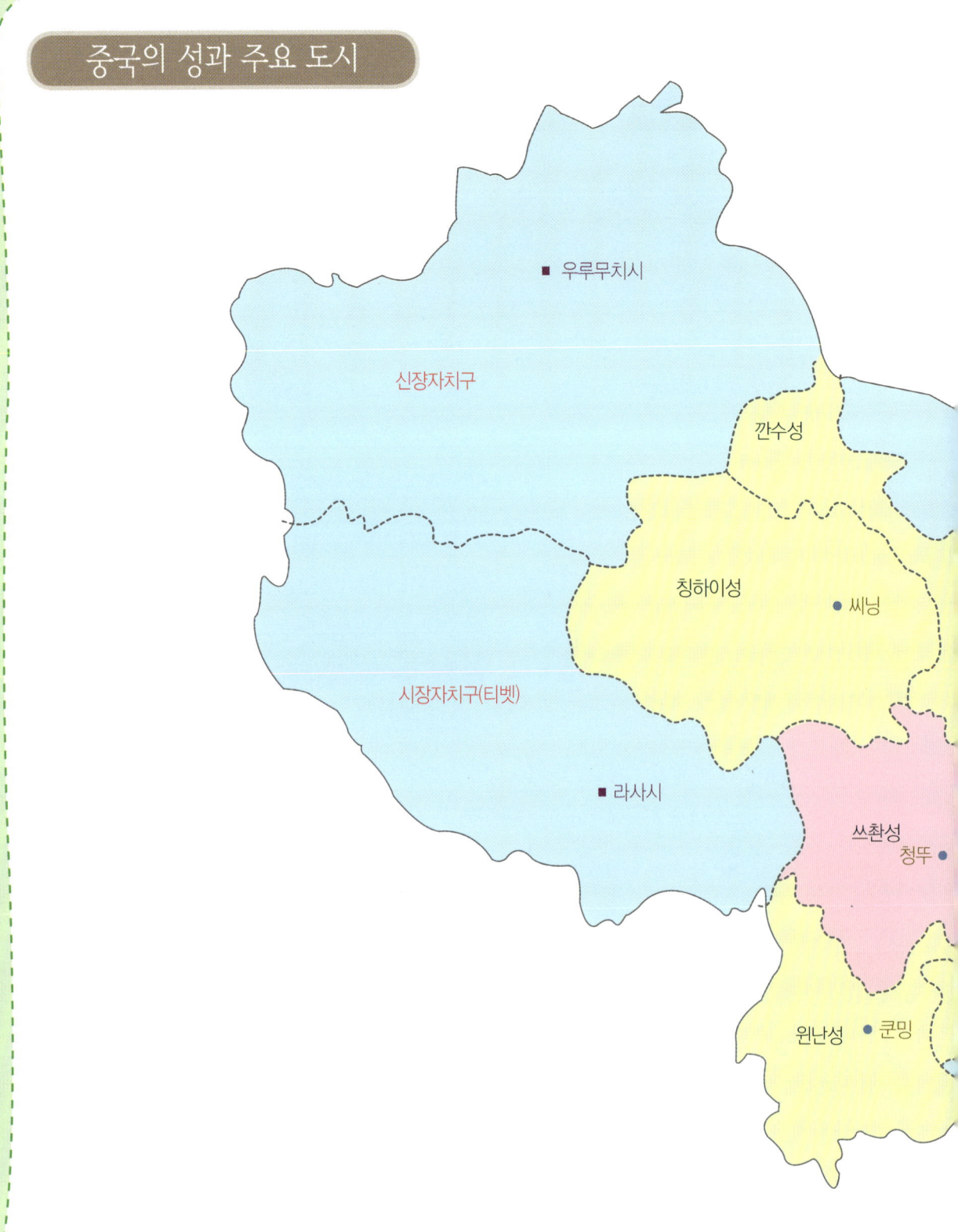

우루무치시

신장자치구

깐수성

칭하이성

씨닝

시장자치구(티벳)

라사시

쓰촨성
청뚜

윈난성 쿤밍

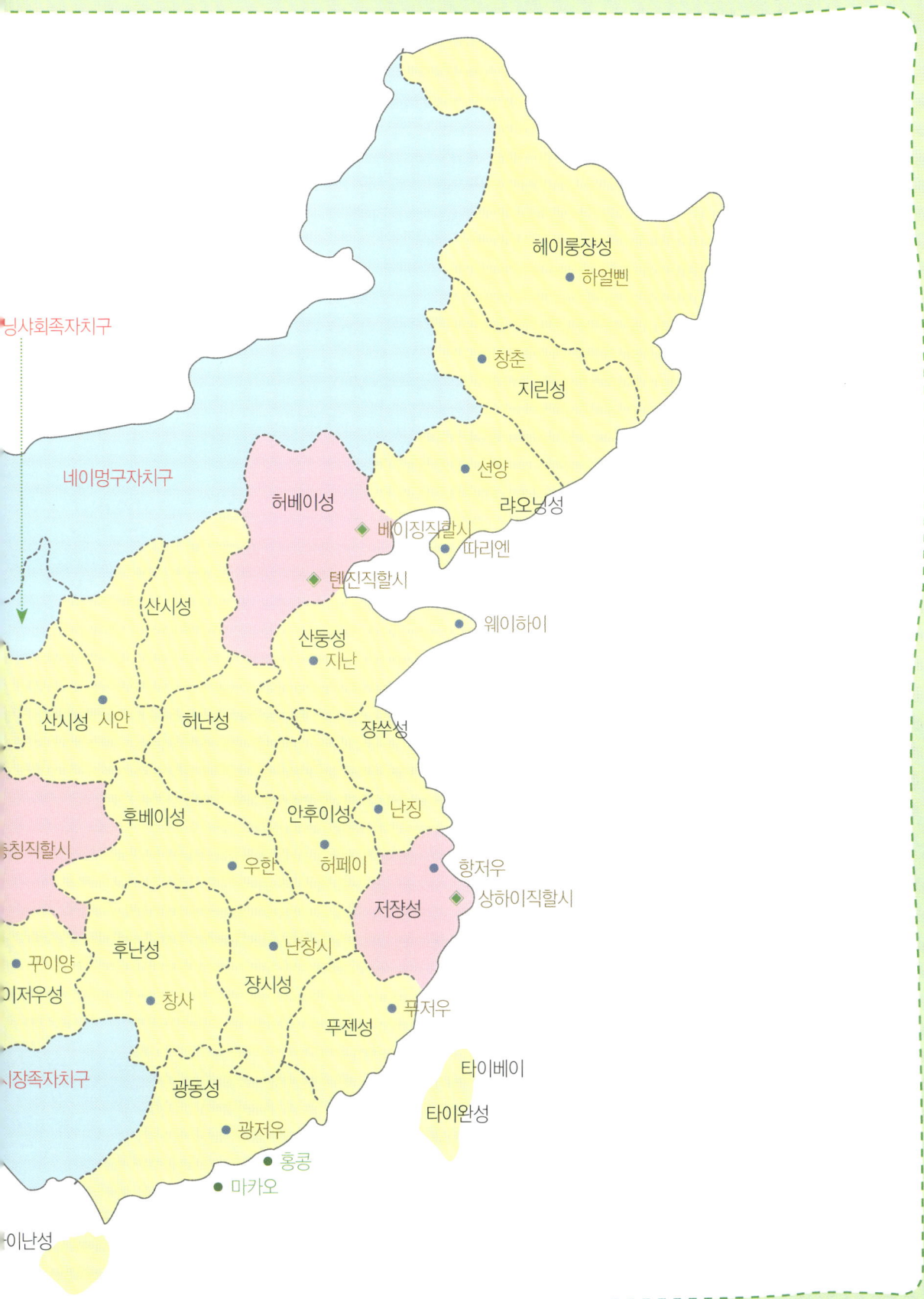

닝샤회족자치구

헤이룽쟝성
　하얼삔

창춘
지린성

네이멍구자치구

허베이성
　베이징직할시
　텐진직할시

션양
랴오닝성
　따리엔

웨이하이

산시성

산둥성
　지난

산시성　시안
허난성
쟝쑤성

후베이성
안후이성
　난징

충칭직할시
　우한　허페이
항저우
상하이직할시

저쟝성

꾸이양
후난성
난창시

이저우성
쟝시성
창사
푸저우

시장족자치구
푸젠성

타이베이
타이완성

광동성
　광저우
　홍콩
　마카오

이난성

알아두세요!

1 중국은?

원래 정식 명칭은 중화인민공화국(中华人民共和国)입니다. 국토 면적이 960만㎢로 한반도의 40여 배에 달하며 행정구역은 4개의 직할시, 23개의 성(省), 5개의 자치구(自治区)로 나뉘어 있습니다. 인구는 약 13억으로 한국의 29 배, 세계 인구의 1/5을 차지하고 있습니다.

2 중국어란?

중국은 한족과 55개의 소수 민족으로 이루어져 있습니다. 한족이 총 인구의 94%를 차지하며, 가장 많은 한족의 언어(한어 汉语)를 중국어 혹은 보통화(普通话)라고 합니다.

3 간체자(简体字)란?

중국어는 한자를 사용하는데 한자 표기에는 간체자와 번체자가 있습니다.
간체자는 필획이 복잡한 번체자를 간략화한 것으로 1956년 시행된 '한자 간화 방안'에 의해 현재 중국 본토에서 사용되고 있고, 한국, 대만은 번체자를 사용하고 있습니다.

4 한어병음자모(汉语拼音字母)란?

중국은 1958년 알파벳의 26개 자모를 사용하여 한자를 읽을 수 있는 발음 표기법을 공포하였습니다. 이를 '한어병음자모'라고 합니다. 알파벳으로 표기하지만 영어 발음법과는 차이가 있습니다.

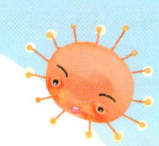

5 중국어 음절은?

중국어의 음절은 성모, 운모, 성조로 이루어져 있습니다.
성모는 우리말의 자음에 해당하며 모두 21개가 있고, 운모는 성모를 제외한 나머지 부분을
말하며 모두 36개로 이루어져 있습니다. 성조는 제1성 ~ 제4성, 경성으로 이루어져 있고,
음의 고저를 이용하여 의미를 구별합니다.

6 중국어 성조는?

중국어에는 모든 글자 마다 높낮이가 있습니다. 이런 소리의 높낮이를 성조라고 합니다.

$$\bar{a} \qquad \acute{a} \qquad \check{a} \qquad \grave{a}$$

— 높은 음을 길게 끌면서 내는 소리입니다.

╱ 중간 음에서 높은음으로 끌어올리며 내는 소리입니다.

∨ 약간 낮은 음에서 시작하여 낮은음까지 내려갔다가 다시 조금 올리는 소리입니다.

╲ 높은음에서 낮은 음으로 빨리 끌어내리는 소리입니다.

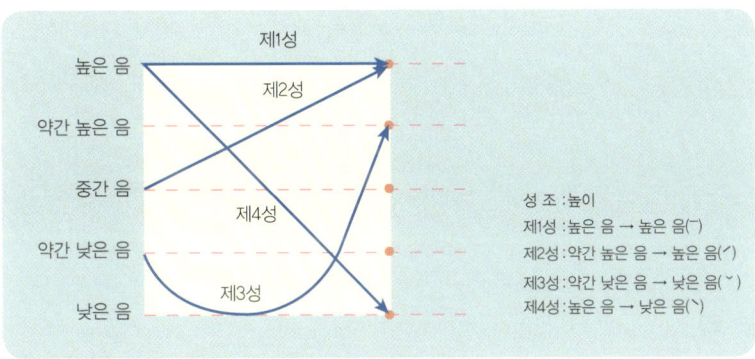

성 조 : 높이
제1성 : 높은 음 → 높은 음 (ˉ)
제2성 : 약간 높은 음 → 높은 음 (ˊ)
제3성 : 약간 낮은 음 → 낮은 음 (ˇ)
제4성 : 높은 음 → 낮은 음 (ˋ)

중국어의 발음

중국어의 발음은 성모와 운모, 성조로 이루어져 있습니다. 성모는 우리말의 자음, 운모는 우리말의 모음, 성조는 소리의 높낮이를 말합니다.

성모

성모는 우리말의 자음에 해당하며 음절 첫 부분에 위치합니다.

성모표

 01

b p m			bo 뽀어	po 포어	mo 모어	
f			fo 포어			
d t n l			de 뜨어	te 트어	ne 느어	le 러
g k h			ge 끄어	ke 크어	he 흐어	
j q x			ji 지	qi 치	xi 시	
zh ch sh r			zhi 즈	chi 츠	shi 스	ri 르
z c s			zi 쯔	ci 츠	si 쓰	

발음 읽는 법

성모 + 운모 ⇒ 병음

b [뽀어] + ā [아] ⇒ bā [빠]
p [포어] + á [아] ⇒ pá [파]
m [모어] + ǎ [아] ⇒ mǎ [마]
d [뜨어] + à [아] ⇒ dà [따]

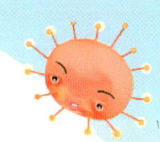

운모

중국어의 운모는 우리말의 모음에 해당하며 성모 다음에 위치합니다.

운모표

단운모	a 아	o 오어	e 으어	i 이	u 우	ü 위
복운모	ai 아이	ei 에이	ao 아오	ou 오우		
비운모	an 안	en 언	ang 앙	eng 엉	ong 옹	
권설운모	er 얼					

결합운모	i + 운모	ia 이아	ie 이에	iao 이아오	iou(iu) 이어우	ian 이옌	in 인
		iang 이앙(양)	ing 잉	iong 이옹(용)			
	u + 운모	ua 와	uo 워	uai 와이	uei(ui) 웨이	uan 완	uen(un) 원
		uang 왕	ueng 웡				
	ü + 운모	üe 위에	üan 위엔	ün 윈			

03

b
[뻐어]

八 **bā** 8

p
[퍼어]

跑 **pǎo** 뛰다

m
[모어]

忙 **máng** 바쁘다

f
[퍼어]

饭 **fàn** 밥

d
[뜨어]

大 **dà** 크다

t
[트어]

头 **tóu** 머리

n
[느어]

拿 **ná** 들다, 가지다

l
[러]

老 **lǎo** 늙다

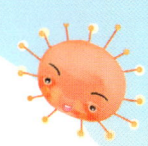

g
[끄어]

高 **gāo** 높다

k
[크어]

口 **kǒu** 입

h
[흐어]

喝 **hē** 마시다

j
[지]

家 **jiā** 집

q
[치]

七 **qī** 칠

x
[시]

小 **xiǎo** 작다

zh
[즈]

找 zhǎo 찾다

ch
[츠]

吃 chī 먹다

sh
[스]

书 shū 책

r
[르]

人 rén 사람

z
[쯔]

坐 zuò 앉다

c
[츠]

草 cǎo 풀

s
[쓰]

三 sān 숫자 3

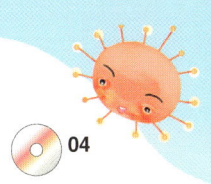 04

운모

a
[아]

妈妈 mmāma 엄마

o
[오]

佛 fó 부처

e
[어]

渴 kě 목마르다

i
[이]

七 qī 7

u
[우]

五 wǔ 5

ü
[위]

去 qù 가다

ai
[아이]

开 kāi 열다

ei
[에이]

累 lèi 피곤하다

ao
[아오]

毛 máo 털

ou
[오우]

狗 gǒu 개

21

an
[안]

饭 fàn 밥

en
[언]

门 mén 문

ang
[앙]

忙 máng 바쁘다

eng
[엉]

风 fēng 바람

ong
[옹]

动 dòng 움직이다

er
[얼]

二 èr 2

ia
[ya] [이아(야)]

价格 jiàgé 가격
牙齿 yáchǐ 치아

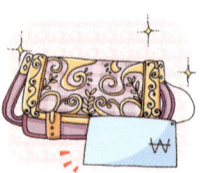

ie
[ye] [이에(예)]

谢谢 xièxie 감사하다
爷爷 yéye 할아버지

iao
[yao] [이아오(야오)]

小猫 xiǎomāo 아기 고양이
药 yào 약

iou(iu)
[you] [이우(여우)]

牛奶 niúnǎi 우유
有钱 yǒuqián 돈이 있다

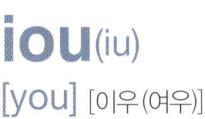

ian
[yan] [이엔(옌)]

电话 diànhuà 전화
颜色 yánsè 색

in
[yin] [인]

钢琴 gāngqín 피아노
饮料 yǐnliào 음료

iang
[yang] [이앙(양)]

大象 dàxiàng 코끼리
羊 yáng 양

ing
[ying] [잉]

名片 míngpiàn 명함
英雄 yīngxióng 영웅

iong
[yong] [이옹(용)]

熊猫 xióngmāo 곰
游泳 yóuyǒng 수영(하다)

ua
[wa] [우아 (와)]

花儿 huār 꽃
娃娃 wáwa 인형

uo
[wo] [우어 (워)]

火车 huǒchē 기차
卧室 wòshì 침실

uai
[wai] [우아이 (와이)]

筷子 kuàizi 젓가락
外面 wàimian 밖

uei(ui)
[wei] [웨이]

回家 huíjiā 집에가다
位子 wèizi 자리

uan
[wan] [우안(완)]

欢迎　huānyíng　환영하다
晚上　wǎnshang　저녁

uen(un)
[wen] [운(원)]

春天　chūntiān　봄
蚊子　wénzi　모기

uang
[wang] [왕]

窗户　chuānghu　창문
王子　wángzǐ　왕자

ueng
[weng] [우엉(웡)]

翁　wēng　노인

üe
[위에]

学习　xuéxí　공부하다
月亮　yuèliang　달

üan
[위엔]

选择　xuǎnzé　선택하다
院子　yuànzi　뜰

ün
[윈]

军人　jūnrén　군인
运动　yùndòng　운동하다

━ 성조

성조는 음의 높낮이를 말합니다.

제1성, 제2성, 제3성, 제4성, 경성이 있으며 발음법이 모두 다릅니다. 성조가 달라지면 뜻도 변하므로 중국어를 정확하게 구사하려면 성조를 제대로 익혀서 잘 발음해야합니다.

성조 연습1

 05

다음의 성조를 연습해 보세요.

1. 제1성   높은 음을 길게 발음합니다.

ā	mā	jīntiān	fēijī

2. 제2성   중간음에서 높은음으로 끌어올리며 발음합니다.

á	lái	yínháng	xuéxí

3. 제3성   약간 낮은음에서 낮은음까지 내려갔다가 다시 올립니다.

ǎ	hǎo	dǎ	hěn

4. 제4성   높은음에서 낮은음으로 빨리 끌어내리며 발음합니다.

à	kuài	diànhuà	zàijiàn

경성 : 경성의 음 높이는 앞 음절 성조의 영향을 받아 변합니다.

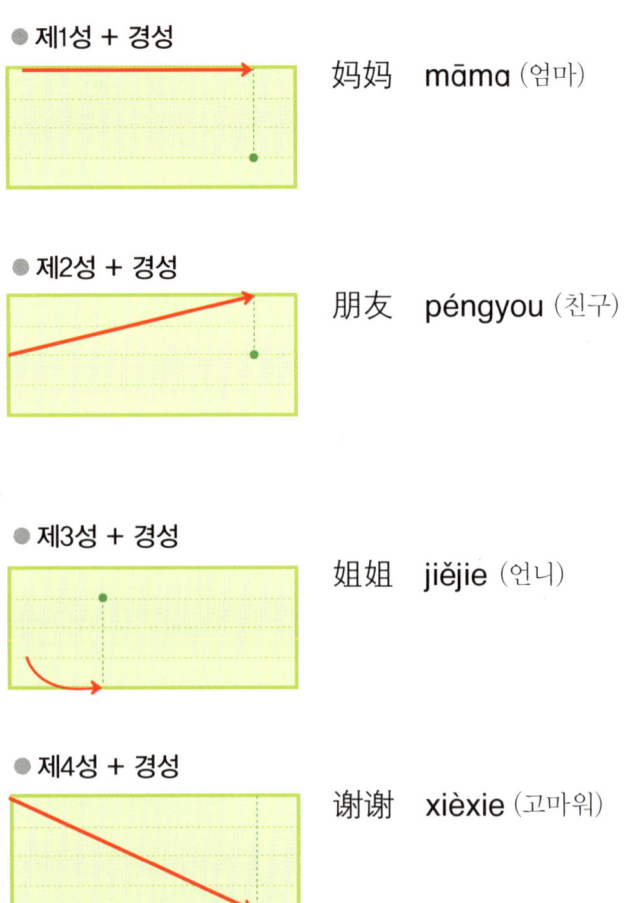

● 제1성 + 경성

妈妈　māma (엄마)

● 제2성 + 경성

朋友　péngyou (친구)

● 제3성 + 경성

姐姐　jiějie (언니)

● 제4성 + 경성

谢谢　xièxie (고마워)

성조 변화 (변조)

여러 음절을 연이어 발음할 때, 다른 성조의 영향을 받아 본래의 성조가 변하기도 합니다. 다음은 성조가 변하는 예입니다.

1. 3성 + 3성일 때의 성조 변화

2성 + 3성으로 변합니다.

nǐ hǎo → ní hǎo

hěn hǎo → hén hǎo

2. 不의 성조 변화

不 bù 는 원래 4성인데 4성 앞에서는 2성으로 변합니다.

bù +	제1성	bù chī
	제2성	bù máng
	제3성	bù hǎo
	제4성	bú dà

3. 一의 성조 변화

一 yī 의 원래 성조는 1성인데 1, 2, 3성 앞에서는 4성으로, 4성 앞에서는 2성으로 변합니다.

yī +	제1성	yì qiān
	제2성	yì nián
	제3성	yì běn
	제4성	yí yàng

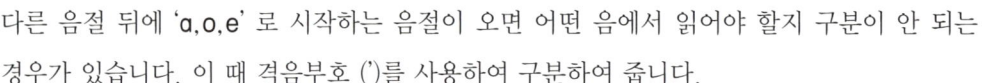

격음부호 (') 의 용법

다른 음절 뒤에 'a, o, e' 로 시작하는 음절이 오면 어떤 음에서 읽어야 할지 구분이 안 되는 경우가 있습니다. 이 때 격음부호 (')를 사용하여 구분하여 줍니다.

天安门 Tiān'ānmén [티엔안먼] 천안문   可爱 kě'ài [커아이] 귀엽다

儿화운모

운모 'er'이 다른 운모와 합쳐지면 '儿화운모' 가 됩니다. 표기법은 한자 뒤에는 '儿'을 붙이고 병음 뒤에는 'r'을 첨가합니다.

花儿 huār [활] 꽃
鸟儿 niǎor [니아올] 새
小孩儿 xiǎoháir [시아오할] 어린이

병음 표기법

1. i, u, ü 가 단독으로 쓰일 때는 각각 'yi, wu, yu'로 표기합니다.

2. i 결합운모가 성모 없이 단독으로 쓰일 때는 i가 y로 바뀌거나 i앞에 y를 붙여 표기합니다.
   • ian → yan [옌]   ia → ya [야]   in → yin [인]

3. u 결합운모가 성모 없이 단독으로 쓰일 때는 u를 w로 바꿔 표기합니다.
   • ua → wa [와]   uo → wo [워]   uen → wen [원]

4. ü 결합운모가 성모 없이 단독으로 쓰일 때는 ü를 yu로 바꿔 표기합니다
   • üe → yue [위에]   üan → yuan [위엔]   ün → yun [윈]

5. iou, uei, uen 운모 앞에 성모가 올 때에는 각각 iu, ui, un으로 표기합니다.
   • diou → diu [띠어우]   huei → hui [훼이]   zuen → zun [쭈언]

6. 성모 j, q, x 는 ü, üe, üan, ün 운모와 쓰일 때 'ü' 의 두 점을 없애고 표기합니다.
   • j + ü=ju [쥐]   q + üe=que [취에]   x + üan=xuan [쉬엔]

1과

你早!

Nǐ zǎo!

좋은 아침!

- ▶ 아침인사 **早安!** Zǎo'ān!
- ▶ 저녁인사 **晚安!** Wǎn'ān!
- ▶ 헤어질 때 **再见!** Zàijiàn!

07

회화공부 즐거운 기본회화

丹丹 **Bàba, zǎo'ān!**
爸爸, 早安!
아빠, 안녕히 주무셨어요!

爸爸 **Zǎo!**
早!
잘 잤니!

丹丹 **Māma, zǎo'ān!**
妈妈, 早安!
엄마, 안녕히 주무셨어요!

妈妈 **Nǐ zǎo!**
你 早!
잘 잤니!

 08

단어공부

- 爸爸 bàba 아빠
- 早 zǎo 이르다
- 早安 zǎo'ān 안녕히 주무셨어요

- 妈妈 māma 엄마
- 你 nǐ 너

30

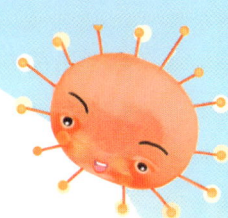

丹丹　**Bàba、 māma, zàijiàn!**
　　　爸爸、 妈妈， 再见!

아빠, 엄마! 다녀오겠습니다.

爸爸　**Lù shang xiǎoxīn.**
　　　路 上 小心。

조심하렴.

- 再见 zàijiàn 잘 가
- 路 lù 길

- 上 shàng 위
- 小心 xiǎoxīn 조심하다

콕콕 Point

1 你早! Nǐ zǎo!

아침 인사로 '안녕'이라는 뜻입니다. 가볍게 '早! zǎo!'라고도 합니다.

2 早安! Zǎo'ān!

우리말로 '안녕히 주무셨어요!, 좋은 아침!'이라는 뜻입니다.
※ '안녕히 주무세요!'는 '晚安! wǎn'ān!'이라고 합니다.

3 早上好! Zǎoshang hǎo!

아침에 하는 인사입니다.
저녁에는 '晚上好! wǎnshang hǎo!'라고 합니다.

4 再见! Zàijiàn!

시간, 장소, 대상에 관계없이 헤어질 때 가장 많이 쓰는 인사말입니다.
'잘 가, 잘 있어, 또 만나자'라는 뜻입니다.

5 인사

○ 아침인사

Zǎo'ān! Zǎoshang hǎo!
早安! | 早上 好! 안녕히 주무셨어요! | 좋은 아침!

Zǎo'ān! Zǎoshang hǎo!
早安! | 早上 好! 잘 잤니! | 좋은 아침!

○ 저녁인사

Wǎn'ān! Wǎnshang hǎo!
晚安! | 晚上 好! 안녕히 주무세요! | 좋은 밤!

Wǎn'ān! Wǎnshang hǎo!
晚安! | 晚上 好! 잘 자! | 좋은 밤!

○ 헤어질 때

Zàijiàn!
再见! 안녕히 가세요! | 잘 가!

Zàijiàn!
再见! 안녕! | 잘 있어!

 탄탄 회화연습

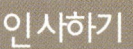 인사하기   早安! 안녕히 주무셨어요!

1 丹丹   Māma, zǎo'ān!
          妈妈,   早安!

妈妈   Zǎo, guāi háizi!   엄마, 안녕히 주무셨어요!
       早,   乖 孩子!   잘 잤니, 착한 아이야!

2 丹丹   Gēge, zǎoshang hǎo!
          哥哥,   早上   好!

哥哥   Zǎoshang hǎo!   오빠, 좋은 아침이야!
       早上   好!   좋은 아침!

3 丹丹   Māma, wǎn'ān!
          妈妈,   晚安!

妈妈   Wǎn'ān!   엄마, 안녕히 주무세요!
       晚安!   잘 자거라!

 10

 단어공부

- 乖 guāi 착하다
- 孩子 háizi 아이
- 哥哥 gēge 오빠, 형
- 早上 zǎoshang 아침
- 好 hǎo 좋다
- 晚安 wǎn'ān 잘 자, 안녕히 주무세요

34

헤어질때 표현 再见! 잘 가!

1
丹丹 Zàijiàn!
    再见!

欢喜 Zàijiàn!   잘 있어!
    再见!   잘 가!

2
丹丹 Zàijiàn!
    再见!

欢喜 Wǎnshang jiàn!   잘 가!
    晚上   见!   저녁에 보자!

3
丹丹 Zàijiàn!
    再见!

欢喜 Míngtiān jiàn!   잘 가!
    明天   见!   내일 보자!

• 晚上 wǎnshang 저녁   • 明天 míngtiān 내일

1 녹음을 듣고 따라 읽어 보세요.

① jù   ② zhí   ③ sǐ

④ rì   ⑤ xū   ⑥ chì

2 녹음을 듣고 성조를 표기해 보세요.

① hao   ② ni   ③ zai

④ mama   ⑤ zao   ⑥ gege

3 녹음을 듣고 ▨ 칸에 병음과 성조를 써 넣으세요.

① wǎn ☐ ☐   ② gē ☐ ☐

③ nǐ ☐ ☐ ☐   ④ bà ☐ ☐

4 대화 내용에 맞는 그림을 골라 연결해 보세요.

① A Bàba, zǎo'ān!
　　爸爸，早安!

　B Zǎo'ān!
　　早安!

② A Zàijiàn!
　　再见!

　B Zàijiàn!
　　再见!

③ A Māma wǎn'ān!
　　妈妈， 晚安!

　B Wǎn'ān!
　　晚安!

④ A Bàba、māma, zàijiàn!
　　爸爸、妈妈， 再见!

　B Lù shang xiǎoxīn.
　　路 上 小心。

큰소리로 읽어 보세요.

● 인사하기 ●

Zǎo!
早!   좋은 아침!

Nǐ zǎo, bàba!
你早, 爸爸!   아빠, 안녕히 주무셨어요!

Zǎo'ān!
早安!   잘 잤니!

Zǎo'ān!
早安!   좋은 아침!

Wǎn'ān!
晚安!   잘 자라!

Māma, wǎn'ān!
妈妈, 晚安!   엄마, 안녕히 주무세요!

Zàijiàn!
再见!   잘 있어!

Gēge, zàijiàn!
哥哥, 再见!   오빠, 잘 가!

2과

你好吗?

Nǐ hǎo ma?
잘 지내니?

▶ 인사하기

▶ 간단한 형용사 배우기

▶ 감사와 사과 표현 배우기

회화공부 즐거운 기본회화

丹丹
Nǐ hǎo!
你 好!
안녕!

欢喜
Nǐ hǎo!
你 好!
안녕!

丹丹
Nǐ hǎo ma?
你 好 吗?
잘 지내니?

欢喜
Wǒ hěn hǎo.
我 很 好。
잘 지내.

 14

단어공부

- 吗 ma ~까? (의문어기조사)
- 我 wǒ 나

- 很 hěn 매우

40

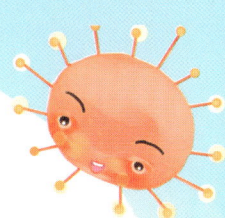

老师   **Nǐmen hǎo!**
        你们   好!

        얘들아, 안녕!

同学们   **Lǎoshī hǎo! Nín shēntǐ hǎo ma?**
        老师   好!   您   身体   好   吗?

        선생님 안녕하세요! 건강은 어떠세요?

老师   **Wǒ shēntǐ hěn hǎo. Xièxie!**
        我   身体   很   好。   谢谢!

        건강하단다. 고맙구나!

- 们 men ~들(복수접미사)
- 老师 lǎoshī 선생님
- 您 nín 당신(你의 존칭)
- 身体 shēntǐ 몸, 건강
- 谢谢 xièxie 감사합니다
- 同学 tóngxué 급우, 학우

1 你好! Nǐ hǎo!

장소, 시간에 관계없이 누구에게나 사용하는 가장 기본적인 인사말입니다.
어른에게는 '您好! nínhǎo!'라고 인사합니다.

2 们 men

'~들'이라는 뜻으로 사람을 나타내는 명사 뒤에 붙어 복수를 나타냅니다.

◉ 你们 nǐmen 너희들　　老师们 lǎoshīmen 선생님들

※ 您们 이라는 복수형은 쓰지 않습니다.

3 你好吗? Nǐ hǎo ma?

상대방의 안부를 묻고자 할 때 사용합니다. '잘 지내니?, 어떻게 지내니?'의
뜻입니다.

◉ 你妈妈好吗? Nǐ māma hǎo ma? 너의 엄마는 안녕하시니?

※ 吗 는 문장 끝에 쓰여 의문문을 만듭니다.

4 不 bù

동사, 형용사를 부정할 때 사용합니다.
※ 不 bù 의 성조는 '4성'이지만 뒤에 4성의 단어가 오면 '2성'으로 바뀝니다.

◉ 不累 búlèi 피곤하지 않다　　不饿 bú'è 배고프지 않다

5 형용사 배우기

kě
渴
목 마르다

è
饿
배고프다

máng
忙
바쁘다

kùn
困
졸리다

lèi
累
피곤하다

15

탄탄 회화연습

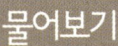 물어보기 　　吗?　하니?

1　丹丹　**Nǐ kě ma?**
　　　　你 渴 吗?

　　欢喜　**Wǒ hěn kě.**
　　　　我 很 渴。

너 목 마르니?
난 매우 목이 말라.

2　丹丹　**Nǐ kùn ma?**
　　　　你 困 吗?

　　欢喜　**Wǒ bú kùn.**
　　　　我 不 困。

너 졸리니?
난 졸리지 않아.

3　丹丹　**Zuìjìn nǐ máng ma?**
　　　　最近 你 忙 吗?

　　欢喜　**Zuìjìn wǒ hěn máng.**
　　　　最近 我 很 忙。

요즘 너 바쁘니?
요즘 난 바빠.

 16

- 渴 kě 목마르다
- 困 kùn 졸리다
- 不 bù 아니다

- 忙 máng 바쁘다
- 最近 zuìjìn 최근, 요즘

44

감사 인사하기 谢谢! 감사합니다!

1 欢喜
Xièxie, lǎoshī!
谢谢， 老师!

老师
Bú kèqi!
不 客气!

선생님, 감사합니다!
천만에요!

2 欢喜
Xièxie nǐ!
谢谢 你!

丹丹
Bú(yòng)xiè!
不(用)谢!

고마워!
천만에!

3 欢喜
Duìbuqǐ!
对不起!

丹丹
Méiguānxi!
没关系!

미안해!
괜찮아!

- **不客气** búkèqi 천만에요
- **不(用)谢** bú(yòng)xiè 별말씀을요
- **对不起** duìbuqǐ 미안합니다
- **没关系** méiguānxi 괜찮아요

쑥쑥 테스트

17

1 녹음을 듣고 따라 읽어 보세요.

① jiē   ② qiú   ③ xiě

④ kuò   ⑤ huó   ⑥ shuò

2 녹음을 듣고 성조를 표기해 보세요.

① ye   ② laoshi   ③ hen

④ zuijin   ⑤ nimen   ⑥ shenti

3 녹음을 듣고  칸에 병음과 성조를 써 넣으세요.

①   ②

③   ④

4 그림에 맞는 단어와 발음을 써 보세요.

①
배 고파!

② 아, 졸려!

③ 바쁘다, 바빠!

5 그림과 중국어가 일치하면 ○표, 일치하지 않으면 ×표 하세요.

①
Wǒ hěn è.
我 很 饿。

② Wǒ shēntǐ hěn hǎo.
我 身体 很 好!

③ Wǒ hěn kě.
我 很 渴。

(   )   (   )   (   )

18

● 확장연습 ●

hǎo
好   좋다

hěn hǎo
很好   (매우) 좋다

shēntǐ hěn hǎo
身体 很 好   건강이 좋다

Māma shēntǐ hěn hǎo.
妈妈 身体 很 好。   어머니는 건강이 좋다.

máng
忙   바쁘다

bù máng
不 忙   바쁘지 않다

wǒ bù máng
我 不 忙   나는 바쁘지 않다

Zuìjìn wǒ bù máng.
最近 我 不 忙。   요즘 나는 바쁘지 않다.

3과

你叫什么名字?

Nǐ jiào shénme míngzi?

이름이 뭐니?

▶ 이름 물어보기

▶ 인칭대명사 배우기

▶ 권유 표현 배우기

19

회화공부 — 즐거운 기본회화

欢喜　**Nǐ hǎo! Wǒ jiào Piáo Huānxǐ.**
你 好! 我 叫 朴 欢喜。

안녕! 난 박환희라고 해.

Qǐngwèn, Nǐ jiào shénme míngzi?
请问, 你 叫 什么 名字?

넌 이름이 뭐니?

丹丹　**Wǒ jiào Lǐ Dāndān.**
我 叫 李 丹丹。

난 이 단단이라고 해.

20

단어공부

- 请问 qǐngwèn 실례합니다
- 叫 jiào ～라고 부르다
- 什么 shénme 무엇, 무슨
- 名字 míngzi 이름
- 朴 Piáo 박(성씨)

50

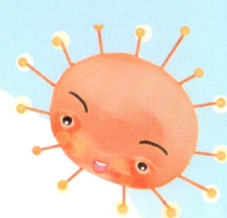

丹丹　**Rènshi nǐ, wǒ hěn gāoxìng.**
　　　认识　你，　我　很　高兴。

널 알게 되어 기뻐.

欢喜　**Rènshi nǐ, wǒ yě hěn gāoxìng.**
　　　认识　你，　我　也　很　高兴。

널 알게 되어 나도 기뻐.

丹丹　**Wǒmen zuò ge péngyou ba.**
　　　我们　　做　个　朋友　吧。

우리 친구하자.

欢喜　**Hǎo ba.**
　　　好　吧。

좋아.

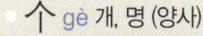

- 认识 rènshi 알다(사람)
- 高兴 gāoxìng 기쁘다
- 也 yě ~도, 역시
- 做 zuò 하다
- 个 gè 개, 명 (양사)
- 朋友 péngyou 친구
- 吧 ba ~하자

콕콕 Point

1 请问! Qǐng wèn!

'실례합니다'라는 뜻으로 남에게 무엇을 물어볼 때 사용합니다.

2 你叫什么名字? Nǐ jiào shénme míngzi?

'이름이 뭐니?' 라는 뜻으로 성과 이름을 모두 묻는 표현입니다. 성만 묻고 싶으면 '你姓什么? Nǐ xìng shénme?'라고 하면 됩니다.

※ 어른에게는 '您贵姓? Nín guì xìng?'이라고 표현합니다.

3 认识你, 我很高兴! Rènshi nǐ, wǒ hěn gāoxìng!

처음 만났을 때 하는 인사말입니다. '很高兴认识你! Hěn gāoxìng rènshi nǐ!' 라고도 인사하는데 대답도 똑같이 '很高兴认识你! Hěn gāoxìng rènshi nǐ!' 라고 합니다.

4 吧 ba

문장 끝에 쓰여 명령, 권유, 부탁의 어감을 나타내는 어기조사입니다. '~해라, ~하자'라는 뜻입니다.

5 인칭대명사

단수	나	너	그	그녀
	我 wǒ	你 nǐ	他 tā	她 tā

복수	우리	너희들	그들	그녀들
	我们 wǒmen	你们 nǐmen	他们 tāmen	她们 tāmen

▶ 잰말놀이 연습

Māma qí mǎ, mǎ màn, māma mà mǎ.
妈妈 骑 马，马 慢，妈妈 骂 马。

엄마가 말을 타는데, 말이 느려서 엄마가 말을 혼내신다.

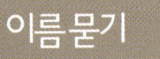 이름묻기

你姓什么? 성이 뭐니?

1 丹丹　**Nǐ xìng shénme?**
　　　你　姓　什么?

　　　欢喜　**Wǒ xìng Lǐ.**
　　　　　我　姓　李。

넌 성이 뭐니?
난 성이 이야.

2 丹丹　**Qǐngwèn, Nín guì xìng?**
　　　　请问，　您　贵　姓?

　　　朋友　**Wǒ xìng Zhāng,**
　　　　　我　姓　张,

　　　　　jiào Zhāng Xuéyǒu.
　　　　　叫　张　学友。

실례합니다. 성함이 어떻게 되세요?
성은 장이고, 장학우라고 합니다.

3 丹丹　**Jiàndào nǐ, hěn gāoxìng.**
　　　　见到　你, 很　高兴。

　　　朋友　**Jiàndào nǐ, wǒ yě hěn gāoxìng.**
　　　　见到　你, 我　也　很　高兴。

만나서 반가워.
나도 만나서 반가워.

 22

 단어공부

- 姓 xìng 성, 성이 ~이다
- 李 Lǐ 이(성씨)
- 贵姓 guìxìng 성이 어떻게 됩니까? (존칭)
- 贵 guì 비싸다
- 张 Zhāng 장(성씨)
- 见到 jiàndào 만나다

권유하기　吧! 하자!

1　丹丹　Wǒmen yìqǐ wánr ba.
　　　　　　我们 一起 玩儿 吧。

　　　朋友　Hǎo ba.
　　　　　　好 吧。

우리 같이 놀자.
좋아.

2　丹丹　Nǐ zuò wǒ de tóngzhuō ba.
　　　　　　你 做 我 的 同桌 吧。

　　　朋友　Hǎo ba.
　　　　　　好 吧。

너 나랑 짝꿍하자.
그래.

3　丹丹　Wǒmen yìqǐ xuéxí ba.
　　　　　　我们 一起 学习吧。

　　　朋友　Hǎo ba.
　　　　　　好 吧。

우리 함께 공부하자.
좋아.

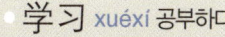

- 一起 yìqǐ 함께
- 玩儿 wánr 놀다
- 同桌 tóngzhuō 짝꿍
- 学习 xuéxí 공부하다

55

쑥쑥 테스트

 녹음을 듣고 따라 읽어 보세요.

① juān　　② zhuàn　　③ zuàn

④ xuǎn　　⑤ shuān　　⑥ suàn

2 녹음을 듣고 성조를 표기해 보세요.

① mingzi　　② jiao　　③ hen

④ wo　　⑤ gui　　⑥ ye

3 녹음을 듣고 맞는 발음을 찾아 보세요.

(1) ① juān　　② zhuàn　　③ zuàn

(2) ① zuó　　② zuǒ　　③ zhuō　　④ zuò

4 그림을 보고 대화에 맞게 연결해 보세요.

① A Wǒmen yìqǐ xuéxí ba.
　我们 一起 学习 吧。

　B Hǎo ba.
　好 吧。

② A Nǐ zuò wǒ de tóngzhuō ba.
　你 做 我 的 同桌 吧。

　B Hǎo ba.
　好 吧。

③ A Wǒmen yìqǐ wánr ba.
　我们 一起 玩儿 吧。

　B Hǎo ba.
　好 吧。

큰 소리로 읽어 보세요.

● 확장연습 ●

gāoxìng
高兴
기쁘다

hěn gāoxìng
很　高兴
(매우) 기쁘다

wǒ yě hěn gāoxìng
我 也 很　高兴
나도 기쁘다

Rènshi nǐ,　wǒ yě hěn gāoxìng.
认识 你, 我 也 很　高兴。
알게 되어 나도 기쁘다.

péngyou
朋友
친구

hǎo péngyou
好　朋友
좋은 친구

shì hǎo péngyou
是 好　朋友
좋은 친구이다

dōu shì hǎo péngyou
都 是 好　朋友
모두 좋은 친구이다

Wǒmen dōu shì hǎo péngyou.
我们 都 是 好　朋友。
우리는 모두 좋은 친구이다.

● 都 dōu 모두

58

4과

你家有几口人?

Nǐ jiā yǒu jǐ kǒu rén?
너희 집은 몇 식구니?

▶ 가족 물어보기

▶ 숫자 1~10 배우기

▶ 가족 명칭 배우기

▶ 의문사 几 jǐ 배우기

▶ 정반의문문 배우기

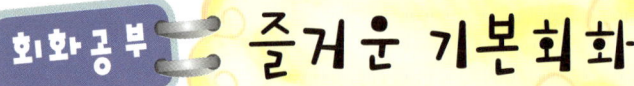

25

회화공부 ── 즐거운 기본회화

丹丹   **Nǐ jiā yǒu jǐ kǒu rén?**
　　　　你 家 有 几 口 人?

너의 집은 식구가 몇 명이니?

欢喜   **Wǒ jiā yǒu sān kǒu rén.**
　　　　我 家 有 三 口 人。

우리 집은 세 식구야.

丹丹   **Nǐ jiā yǒu shénme rén?**
　　　　你 家 有 什么 人?

누구누구가 있니?

欢喜   **Bàba、māma hé wǒ.**
　　　　爸爸、 妈妈 和 我。

아빠, 엄마 그리고 내가 있어.

26

단어공부

- 家 jiā 집
- 有 yǒu 있다
- 几 jǐ 몇 (의문사)

- 口 kǒu 식구(양사)
- 人 rén 사람
- 和 hé ~와

60

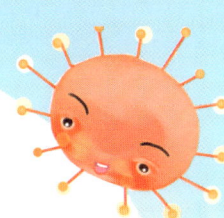

丹丹
Nǐ yǒu méiyǒu xiōngdì jiěmèi?
你 有 没有 兄弟 姐妹?

년 형제자매가 있니?

欢喜
Méiyǒu, wǒ shì dúshēngzǐ.
没有, 我 是 独生子。

없어. 난 외아들이야.

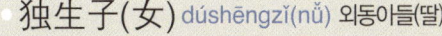

- 兄弟 xiōngdì 형제
- 姐妹 jiěmèi 자매
- 没有 méiyǒu 없다

- 独生子(女) dúshēngzǐ(nǚ) 외동아들(딸)

콕콕 Point

1 你家有几口人? Nǐ jiā yǒu jǐ kǒu rén?

가족을 물을 때 사용하는 표현입니다. 대답은 의문사 '几' 자리에 식구 수를 쓰면 됩니다.

※ 의문사를 사용하는 의문문은 문장 끝에 '吗'를 붙이지 않습니다.

2 有 yǒu

'있다'라는 뜻으로 소유를 나타냅니다. 부정은 '不 bù'를 사용하지 않고 반드시 '没 méi'를 '有'앞에 써서 표현합니다.

有没有 yǒu méiyǒu
긍정과 부정을 반복하여 만드는 의문문 형식이며, 정반의문문이라고 합니다. 문장 끝에 '吗'를 붙이지 않습니다.

3 숫자 익히기 1

1	2	3	4	5	6	7	8	9	10
yī	èr	sān	sì	wǔ	liù	qī	bā	jiǔ	shí
一	二	三	四	五	六	七	八	九	十

4 양사란?

물건의 수량을 세는 단위를 나타냅니다. 숫자 뒤에는 반드시 양사가 옵니다.
〈숫자 + 양사 + 사물〉의 순서입니다.

예 五口人 wǔ kǒu rén (다섯 식구)　　一个哥哥 yí ge gēge (오빠 한 명)

5 가족 익히기

nǎinai
奶奶
할머니

wàigōng
外公
외할아버지

yéye
爷爷
할아버지

lǎolao
姥姥
외할머니

bàba
爸爸
아빠

māma
妈妈
엄마

gēge
哥哥
형/오빠

wǒ
我
나

dìdi
弟弟
남동생

jiějie
姐姐
누나/언니

mèimei
妹妹
여동생

가족 물어보기   几口人? 몇 식구예요?

1 欢喜   Nǐ jiā yǒu jǐ kǒu rén?
你 家 有 几 口 人?

朋友   Wǒ jiā yǒu wǔ kǒu rén.
我 家 有 五 口 人。

Yéye、nǎinai、bàba,
爷爷、 奶奶、 爸爸、

māma hé wǒ.
妈妈 和 我。

너의 집은 식구가 몇 명이니?
우리 집은 다섯 식구야.
할아버지, 할머니, 아빠, 엄마 그
리고 나야.

2 欢喜   Nǐ jiā yǒu jǐ kǒu rén?
你 家 有 几 口 人?

朋友   Wǒ jiā yǒu liù kǒu rén.
我 家 有 六 口 人。

Bàba、māma、yí ge gēge、
爸爸、 妈妈、 一 个 哥哥、

liǎng ge dìdi hé wǒ.
两 个 弟弟和 我。

너의 집은 식구가 몇 명이니?
우리 집은 여섯 식구야.
아빠, 엄마, 오빠 한 명, 남동생
두 명 그리고 나야.

 28

단어공부

● 爷爷 yéye 할아버지
● 奶奶 nǎinai 할머니

● 弟弟 dìdi 남동생

64

정반의문문 배우기 有没有? 있어요 없어요?

1

丹丹　Nǐ yǒu méiyǒu nǚpéngyou?
　　　你 有 没有 女朋友?

欢喜　Wǒ yǒu nǚpéngyou.
　　　我 有 女朋友。

넌 여자 친구가 있니?
난 여자 친구가 있어.

2

丹丹　Nǐ yǒu méiyǒu mèimei?
　　　你 有 没有 妹妹?

欢喜　Wǒ méiyǒu mèimei.
　　　我 没有 妹妹。

넌 여동생이 있니?
난 여동생이 없어.

3

丹丹　Nǐ yǒu méiyǒu Hànyǔ shū?
　　　你 有 没有 汉语 书?

欢喜　Wǒ yǒu hěn duō Hànyǔ shū.
　　　我 有 很 多 汉语 书。

넌 중국어 책이 있니?
난 중국어 책이 아주 많이 있어.

- 女朋友 nǚ péngyou 여자 친구
- 妹妹 mèimei 여동생
- 汉语 Hànyǔ 중국어
- 书 shū 책
- 多 duō 많다

29

1 녹음을 듣고 따라 읽어 보세요.

① wū　　　　② duàn　　　　③ dūn

④ wán　　　　⑤ guān　　　　⑥ shùn

2 녹음을 듣고 성조를 표기해 보세요.

① you　　　　② yeye　　　　③ liang

④ cidian　　　⑤ he　　　　⑥ benzi

3 녹음을 듣고 맞는 발음을 찾아 보세요.

(1)　① shǔ　　② sù　　③ shū　　④ sú　　⑤ sū

(2)　① duò　　② duǒ　　③ duō　　④ dōu　　⑤ dòu

4 그림을 보고 대화를 완성해 보세요.

①

A Nǐ yǒu méiyǒu nǚpéngyou?
你 有 没有 女朋友?

B Wǒ
我 _____ 。

②

A Nǐ yǒu méiyǒu Hànyǔ shū?
你 有 没有 汉语 书?

B Wǒ
我 _____ 。

③

A Nǐ yǒu dìdi ma?
你 有 弟弟 吗?

B Wǒ
我 _____ 。

큰 소리로 읽어 보세요.

30

● 확장연습 ●

shū		
书		책

Hànyǔ shū		
汉语 书		중국어 책

hěn duō Hànyǔ shū		
很 多 汉语 书		많은 중국어 책

yǒu hěn duō Hànyǔ shū		
有 很 多 汉语 书		많은 중국어 책이 있다

Wǒ yǒu hěn duō Hànyǔ shū.		
我 有 很 多 汉语 书。		나는 많은 중국어 책이 있다.

jiěmèi		
姐妹		자매

xiōngdì jiěmèi		
兄弟 姐妹		형제자매

méiyǒu xiōngdì jiěmèi		
没有 兄弟 姐妹		형제자매가 없다

yǒu méiyǒu xiōngdì jiěmèi		
有 没有 兄弟 姐妹		형제자매가 있니

Nǐ yǒu méiyǒu xiōngdì jiěmèi?		
你 有 没有 兄弟 姐妹?		너는 형제자매가 있니?

你多大?

Nǐ duō dà?

나이가 어떻게 되니?

- ▶ 나이 물어보기
- ▶ 학년 물어보기
- ▶ 숫자 11~100 배우기
- ▶ 띠 배우기

31

회화공부 즐거운 기본회화

丹丹   **Nǐ duōdà?**
　　　 你　多大?

너 나이가 어떻게 되니?

欢喜   **Wǒ shísì suì.**
　　　 我　十四 岁。

나 열네 살이야.

丹丹   **Nǐ shǔ shénme?**
　　　 你　属　什么?

너 무슨 띠니?

欢喜   **Wǒ shǔ zhū.**
　　　 我　属 猪。

나 돼지띠야.

32

단어공부

* 多大 duōdà (나이)얼마인가
* 岁 suì 살, 세(양사)

* 属 shǔ ～에 속하다
* 猪 zhū 돼지

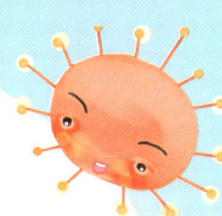

丹丹　　**Nǐ shàng jǐ niánjí?**
　　　　你　上　几　年级?

　　　　너 몇 학년이니?

欢喜　　**Wǒ shàng zhōngxué yī niánjí.**
　　　　我　上　中学　一　年级。

　　　　나 중학교 1학년이야.

- 上 shàng ~에 다니다
- 年级 niánjí 학년
- 中学 zhōngxué 중학교

1 你多大? Nǐ duō dà?

나이를 묻는 가장 일반적인 표현입니다. 아이에게는 '几岁? Jǐ suì? (몇 살이니)?', 어른에게는 '多大年纪? Duō dà niánjì? (연세가 어떻게 되세요)?'를 사용합니다.

2 你属什么? Nǐ shǔ shénme?

属 shǔ 는 ' ~에 속하다'의 뜻이나 '你属什么? Nǐ shǔ shénme?'는 띠가 무엇인지 묻는 표현입니다.

3 你上几年级? Nǐ shàng jǐ niánjí?

上 shàng 은 ' ~에 다니다'라는 뜻이며, '你上几年级? Nǐ shàng jǐ niánjí?'는 몇 학년인지 묻는 표현입니다.

4 숫자 익히기 2

11	12	13	⋯⋯	20	30	⋯⋯	99	100
shíyī	shí'èr	shísān	⋯⋯	èrshí	sānshí	⋯⋯	jiǔshíjiǔ	yìbǎi
十一	十二	十三	⋯⋯	二十	三十	⋯⋯	九十九	一百

5 띠 익히기

鼠 shǔ 쥐

牛 niú 소

虎 hǔ 호랑이

兔 tù 토끼

龙 lóng 용

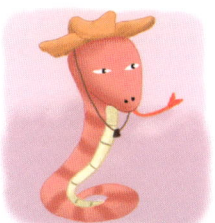

蛇 shé 뱀

马 mǎ 말

羊 yáng 양

猴 hóu 원숭이

鸡 jī 닭

狗 gǒu 개

猪 zhū 돼지

탄탄 회화연습

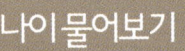 나이 물어보기

多大(年纪)? 몇 살이세요?

1

丹丹　Nǐ dìdi jīnnián jǐ suì?
　　　你 弟弟　今年　几 岁？

欢喜　Wǒ dìdi jīnnián qī suì.
　　　我 弟弟　今年　七 岁。

> 너의 남동생은 올해 몇 살이니?
> 우리 남동생은 올해 일곱 살이야.

2

丹丹　Nǐ jiějie jīnnián duōdà?
　　　你 姐姐　今年　多大？

欢喜　Wǒ jiějie jīnnián sānshíwǔ suì.
　　　我 姐姐　今年　三十五　岁。

> 너의 언니는 올해 나이가 어떻게 되니?
> 우리 언니는 올해 서른 다섯이야.

3

丹丹　Nǐ yéye jīnnián duōdà niánjì?
　　　你 爷爷　今年　多大　年纪？

欢喜　Wǒ yéye jīnnián qīshíwǔ suì.
　　　我 爷爷　今年　七十五　岁。

> 너의 할아버지는 올해 연세가 어떻게 되시니?
> 우리 할아버지는 올해 일흔 다섯이야.

34

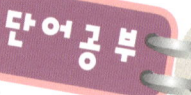 단어공부

● 今年 jīnnián 올해　　　　　● 年纪 niánjì 나이, 연령

학년 물어보기   上几年级? 몇 학년이니?

1 欢喜 **Nǐ mèimei shàng jǐ niánjí?**
你　妹妹　上　几 年级?

丹丹 **Wǒ mèimei shàng yòu'éryuán.**
我　妹妹　上　幼儿园。

너의 여동생은 몇 학년이니?
우리 여동생은 유치원에 다녀.

2 欢喜 **Nǐ dìdi shàng jǐ niánjí?**
你 弟弟　上　几 年级?

丹丹 **Wǒ dìdi shàng xiǎoxué**
我 弟弟　上　小学

wǔ niánjí.
五　年级。

너의 남동생은 몇 학년이니?
내 남동생은 초등학교 5학년이야.

3 欢喜 **Nǐ jiějie shàng jǐ niánjí?**
你　姐姐　上　几 年级?

丹丹 **Wǒ jiějie shàng gāozhōng**
我　姐姐　上　高中

yī niánjí.
一　年级。

너의 언니는 몇 학년이니?
우리 언니는 고등학교 1학년이야.

● 幼儿园 yòu'éryuán 유치원　　　● 高中 gāozhōng 고등학교
● 小学 xiǎoxué 초등학교

 쑥쑥 테스트

1 녹음을 듣고 따라 읽어 보세요.

① yǔ　　　　② chūn　　　　③ yùn

④ yuǎn　　　　⑤ hǔn　　　　⑥ kǔn

2 녹음을 듣고 맞는 발음을 찾아 보세요.

(1)　① shuǐ　② suí　③ suì　④ shuì　⑤ suī

(2)　① zòng　② zǒng　③ zōng　④ zhòng　⑤ zhōng

3 녹음을 듣고 ▨ 칸에 병음과 성조를 써 넣으세요.

①

②

4 그림을 보고 대화를 완성해 보세요.

①

A **Nǐ shǔ shénme?**
你 属 什么?

B **Wǒ**
我 ⬜ 。

② 9살

A **Nǐ jǐ suì?**
你 几 岁?

B **Wǒ**
我 ⬜ 。

③ 중학교 1학년

A **Nǐ shàng jǐ niánjí?**
你 上 几 年级?

B **Wǒ**
我 ⬜ 。

④ 고등학교 2학년

A **Nǐ shàng jǐ niánjí?**
你 上 几 年级?

B **Wǒ**
我 ⬜ 。

술술읽기

큰 소리로 읽어 보세요.

● 확장연습 ●

36

qī suì
七 岁   일곱 살

jīnnián qī suì
今年 七 岁   올해 일곱 살

dìdi jīnnián qī suì
弟弟 今年 七 岁   동생은 올해 일곱 살

Wǒ dìdi jīnnián qī suì.
我 弟弟 今年 七 岁。   내 동생은 올해 일곱 살이야.

èr niánjí
二 年级   2학년

zhōngxué èr niánjí
中学 二 年级   중학교 2학년

shàng zhōngxué èr niánjí
上 中学 二 年级   중학교 2학년에 다녀

Wǒ gēge shàng zhōngxué èr niánjí.
我 哥哥 上 中学 二 年级。   우리 오빠는 중학교 2학년이야.

你是哪国人?

Nǐ shì nǎ guó rén?

너는 어느 나라 사람이니?

▶ 나라 물어보기

▶ 고향 물어보기

▶ 나라 이름 익히기

회화공부 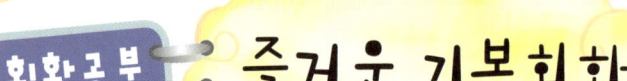 즐거운 기본회화

欢喜
Nǐ shì nǎ guó rén?
你 是 哪 国 人?
너 어느 나라 사람이니?

朋友
Wǒ shì Hánguórén.
我 是 韩国人。
나 한국 사람이야.

欢喜
Nǐ shì Zhōngguórén ma?
你 是 中国人 吗?
넌 중국 사람이니?

朋友
Búshì, Wǒ shì Rìběnrén.
不是, 我 是 日本人。
아니. 난 일본 사람이야.

 38

단어공부

- 是 shì ~이다
- 哪 nǎ 어느
- 国 guó 나라
- 人 rén 사람

- 韩国 Hánguó 한국
- 中国 Zhōngguó 중국
- 日本 Rìběn 일본

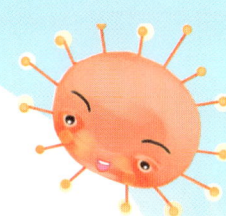

欢喜　　**Nǐ de jiāxiāng shì nǎr?**
　　　　你 的　家乡　是 哪儿?
　　　　넌 고향이 어디니?

朋友　　**Wǒ de jiāxiāng shì Hánguó Shǒu'ěr.**
　　　　我 的　家乡　是 韩国　首尔。
　　　　나의 고향은 한국 서울이야.

家乡 jiāxiāng 고향　　　　　首尔 Shǒu'ěr 서울

81

콕콕 Point

1 你是哪国人? Nǐ shì nǎ guó rén?

국적을 묻는 표현입니다.
의문사 '哪 nǎ' 위치에 해당 나라를 표현합니다.

2 是 shì

'是' 의 부정은 '不是 búshì'이며 이때 '不 bù'는 2성으로 발음합니다.
정반의문문 형태는 '是不是 shì bu shì'입니다.

예 你是不是韩国人? Nǐ shì bu shì Hánguórén?
너는 한국인이니?

3 你的家乡是哪儿? Nǐ de jiāxiāng shì nǎr?
고향을 묻는 표현입니다.
대답은 장소를 묻는 의문사 '哪儿 nǎr' 위치에 표현합니다.

4 나라 이름과 수도 알기

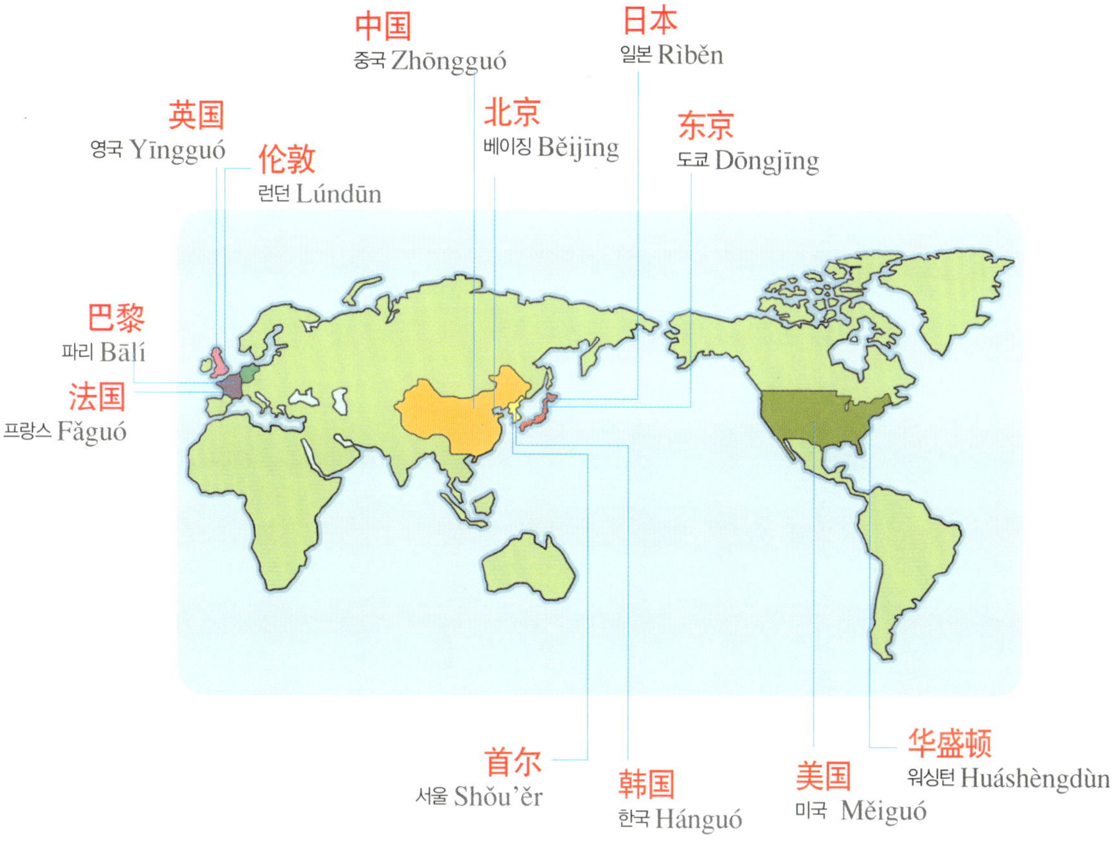

中国
중국 Zhōngguó

日本
일본 Rìběn

英国
영국 Yīngguó

北京
베이징 Běijīng

东京
도쿄 Dōngjīng

伦敦
런던 Lúndūn

巴黎
파리 Bālí

法国
프랑스 Fǎguó

首尔
서울 Shǒu'ěr

韩国
한국 Hánguó

美国
미국 Měiguó

华盛顿
워싱턴 Huáshèngdùn

탄탄 회화연습

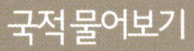 **哪国人?** 어느 나라 사람이니?

1
朋友1　**Nǐ shì nǎ guó rén?**
　　　你 是 哪 国 人?

朋友2　**Wǒ shì Déguórén.**
　　　我 是 德国人。

넌 어느 나라 사람이니?
난 독일 사람이야.

2
朋友1　**Nǐ shì Měiguórén ma?**
　　　你 是 美国人 吗?

朋友2　**Wǒ búshì Měiguórén,**
　　　我 不是 美国人,

　　　wǒ shì Yīngguórén.
　　　我 是 英国人。

넌 미국 사람이니?
난 미국 사람이 아니고 영국 사람이야.

3
朋友1　**Nǐ shì bu shì Fǎguórén?**
　　　你 是 不 是 法国人?

朋友2　**Shì, Wǒ shì Fǎguórén.**
　　　是, 我 是 法国人。

넌 프랑스 사람이니?
그래, 난 프랑스 사람이야.

40

- 德国 Déguó 독일
- 美国 Měiguó 미국
- 法国 Fǎguó 프랑스

고향 물어보기　你的家乡是哪儿? 너의 고향은 어디니?

1
朋友1　**Nǐ de jiāxiāng shì nǎr?**
你 的　家乡　是哪儿?

朋友2　**Wǒ de jiāxiāng shì**
我 的　家乡　是

　Zhōngguó Běijīng.
　中国　　北京。

너의 고향은 어디니?
나의 고향은 중국 베이징이야.

2
朋友1　**Nǐ de gùxiāng shì nǎr?**
你 的　故乡　是哪儿?

朋友2　**Wǒ de gùxiāng shì**
我 的　故乡　是

　Rìběn Dōngjīng.
　日本　　东京。

너의 고향은 어디니?
나의 고향은 일본 도쿄이야.

3
朋友1　**Nǐ de jiāxiāng shì nǎr?**
你 的　家乡　是哪儿?

朋友2　**Wǒ de jiāxiāng shì**
我 的　家乡　是

　Měiguó Huáshèngdùn.
　美国　　华盛顿。

너의 고향은 어디니?
나의 고향은 미국 워싱턴이야.

- 北京 Běijīng 베이징
- 故乡 gùxiāng 고향
- 东京 Dōngjīng 도쿄
- 华盛顿 Huáshèngdùn 워싱턴

41

1 녹음을 듣고 따라 읽어 보세요.

① dàn   ② diàn   ③ zán

④ jiǎn   ⑤ mǎn   ⑥ mián

2 녹음을 듣고 성조를 표기해 보세요.

① na   ② jiaxiang   ③ ren

④ guo   ⑤ shi   ⑥ guxiang

3 녹음을 듣고 맞는 발음을 찾아 보세요.

(1) ① jǐ   ② jù   ③ qí   ④ qǔ   ⑤ zì

(2) ① yǔ   ② yán   ③ yuàn   ④ yìn   ⑤ yān

4 그림과 일치하도록 연결해 보세요.

① Wǒ de jiāxiāng shì
　 我 的 家乡 是
　 Rìběn Dōngjīng.
　 日本 东京。　　　●
　　　　　　　　　　　　　　　　　　　●

② Wǒ de jiāxiāng shì
　 我 的 家乡 是　　●
　 Měiguó Huáshèngdùn.
　 美国 华盛顿。
　　　　　　　　　　　　　　　　　　　●

③ Wǒ de jiāxiāng shì
　 我 的 家乡 是　　●
　 Zhōngguó Běijīng.
　 中国 北京。
　　　　　　　　　　　　　　　　　　　●

④ Wǒ de jiāxiāng shì
　 我 的 家乡 是　　●
　 Hánguó Shǒu'ěr.
　 韩国 首尔。
　　　　　　　　　　　　　　　　　　　●

술술읽기

큰소리로 읽어 보세요.

● 확장연습 ●

Shǒu'ěr
首尔 　　　　　　서울

Hánguó Shǒu'ěr
韩国 首尔 　　　　　한국 서울

shì Hánguó Shǒu'ěr
是 韩国 首尔 　　　한국 서울이다

jiāxiāng shì Hánguó Shǒu'ěr
家乡 是 韩国 首尔 　고향은 한국 서울이다

Wǒ de jiāxiāng shì Hánguó Shǒu'ěr.
我 的 家乡 是 韩国 首尔。 　내 고향은 한국 서울이야.

rén
人 　　　　　　사람

Fǎguó rén
法国 人 　　　　프랑스 사람

bú shì Fǎguó rén
不是 法国 人 　　프랑스 사람이 아니다

shì bu shì Fǎguó rén
是不是 法国 人 　프랑스 사람이니

Nǐ shì bu shì Fǎguó rén?
你 是不是 法国 人？ 　너는 프랑스 사람이니?

这是什么?

Zhè shì shénme?

이것은 뭐니?

▶ 지시대명사 배우기

▶ 소유 표현 배우기

▶ 허가 표현 배우기

42

회화공부 **즐거운 기본회화**

丹丹 **Zhè shì shénme?**
这 是 什么?
이것은 뭐니?

欢喜 **Zhè shì mpsān.**
这 是 MP3。
이것은 mp3야.

丹丹 **Nà shì shéi de mpsān?**
那 是 谁 的 MP3?
저것은 누구의 mp3니?

欢喜 **Nà shì wǒ de mpsān.**
那 是 我 的 MP3。
저것은 나의 mp3야.

44

단어공부

- 这 zhè 이, 이것
- 谁 shéi 누구

- 那 nà 저, 그, 저것
- MP3 mpsān MP3

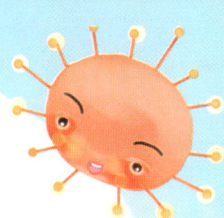

丹丹　**Wǒ kěyǐ tīngting ma?**
　　　我　可以　听听　吗?

내가 좀 들어봐도 될까?

欢喜　**Dāngrán.**
　　　当然。

당연하지.

- 可以 kěyǐ ～해도 좋다(조동사)
- 听 tīng 듣다
- 当然 dāngrán 당연하다

콕콕 Point

1 **지시대명사**

这 zhè는 가까이 있는 것을 가리키고, 那 nà는 멀리 있는 것을 가리키는 지시대명사입니다.

2 **谁 shéi**

'누구'라는 뜻의 의문대명사입니다. '谁' 위치에 대답하고자 하는 사람을 넣어 표현합니다.

3 **可以 kěyǐ**

'~해도 좋다'라는 뜻이며, 동사 앞에 놓여 허가를 나타냅니다.

4 **동사 중첩**

같은 동사를 두 번 반복하여 사용하는 것을 동사의 중첩이라고 합니다. 대부분의 동사는 중첩할 수 있으며 중첩된 동사는 '한 번 ~해 보다, 좀 ~하다.' 라는 뜻으로 쓰입니다. 단음절 동사는 '一'를 사용해 중첩하기도 합니다.

예) 听听 tīngting = 听一听 tīng yi tīng 한 번 들어보다

看看 kànkan = 看一看 kàn yi kàn 좀 보다

※ 뒤에 쓰인 동사는 경성이 됩니다.

5 교실

hēibǎn
黑板
칠판

hēibǎncā
黑板擦
칠판지우개

shū
书
책

běnzi
本子
노트

qiānbǐ
铅笔
연필

xiàngpí
橡皮
지우개

shūbāo
书包
책가방

qiānbǐhé
铅笔盒
필통

yǐzi
椅子
의자

chǐzi
尺子
자

zhuōzi
桌子
책상

 소유 표현하기

谁的 누구의

1

丹丹　**Zhè shì shéi de cídiǎn?**
　　 这 是 谁 的 词典?

欢喜　**Zhè shì wǒ péngyou de**
　　 这 是 我 朋友 的

　　cídiǎn.
　　 词典。

이것은 누구의 사전이니?
이것은 내 친구의 사전이야.

2

丹丹　**Nà shì shéi de qiānbǐhé?**
　　 那 是 谁 的 铅笔盒?

欢喜　**Nà shì wǒ tóngzhuō de**
　　 那 是 我 同桌 的

　　qiānbǐhé.
　　 铅笔盒。

저것은 누구의 필통이니?
저것은 내 짝꿍의 필통이야.

3

丹丹　**Nà shì shéi de běnzi?**
　　 那 是 谁 的 本子?

欢喜　**Nà shì lǎoshī de běnzi.**
　　 那 是 老师 的 本子。

그것은 누구의 노트니?
그것은 선생님의 노트야.

 46

 단어공부

- 词典 cídiǎn 사전
- 铅笔盒 qiānbǐhé 필통
- 本子 běnzi 노트

허락받기　可以～吗?　~해도 될까요?

1　欢喜　Wǒ kěyǐ kànkan nǐ de
我　可以　看看　你的

mànhuàshū ma?
漫画书　吗?

丹丹　Dāngrán.
当然。

내가 너의 만화책을 좀 봐도 될까?
당연하지.

2　欢喜　Wǒ kěyǐ yòngyong nǐ de
我　可以　用用　你的

shǒujī ma?
手机　吗?

丹丹　Dāngrán.
当然。

내가 너의 핸드폰을 좀 써도 될까?
당연하지.

3　欢喜　Wǒ kěyǐ chángchang nǐ de kāfēi ma?
我　可以　尝尝　你的咖啡　吗?

丹丹　Dāngrán.
当然。

내가 너의 커피 맛을 좀 봐도 될까?
당연하지.

- 看 kàn 보다
- 漫画书 mànhuàshū 만화책
- 用 yòng 사용하다
- 手机 shǒujī 핸드폰
- 尝 cháng 맛보다
- 咖啡 kāfēi 커피

47

쑥쑥 테스트

1 녹음을 듣고 따라 읽어 보세요.

① yīn   ② yǎn   ③ yòu

④ yǒng   ⑤ yǎng   ⑥ yǐng

2 녹음을 듣고 성조를 표기해 보세요.

① zhe   ② shei   ③ shouji

④ chang   ⑤ kan   ⑥ cidian

3 녹음을 듣고 ▬▬ 칸에 병음과 성조를 써 넣으세요.

①

②

③

④

4 대화의 내용과 일치하는 그림을 연결해 보세요.

① A　Zhè shì shénme?
　　这　是　什么?

　　B　Zhè shì cídiǎn.
　　这　是　词典。

② A　Nà shì shéi de mp3?
　　那　是　谁　的 MP3?

　　B　Nà shì jiějie de mp3.
　　那　是　姐姐　的 MP3。

③ A　Wǒ kěyǐ chángchang
　　我 可以　尝尝

　　nǐ de kāfēi ma?
　　你的 咖啡 吗?

　　B　Dāngrán.
　　当然。

확장연습

 48

qiānbǐhé
铅笔盒　　　　　　　　　　　　　　　　　필통

tóngzhuō de　qiānbǐhé
同桌的　铅笔盒　　　　　　　　　　　짝꿍의 필통

wǒ tóngzhuō de　qiānbǐhé
我　同桌　的　铅笔盒　　　　　　　내 짝꿍의 필통

Nà shì wǒ tóngzhuō de　qiānbǐhé
那 是 我　同桌　的　铅笔盒。　　　저것은 내 짝꿍의 필통이야.

nǐ de shǒujī
你的　手机　　　　　　　　　　　　　너의 핸드폰

yòngyong nǐ de shǒujī
用用　你的　手机　　　　　　　　너의 핸드폰을 좀 쓰다

kěyǐ yòngyong nǐ de shǒujī
可以　用用　你的　手机　　　　너의 핸드폰을 좀 써도 되니

Wǒ kěyǐ yòngyong nǐ de shǒujī ma?
我 可以 用用　你的　手机 吗? 내가 너의 핸드폰을 좀 써도 되니?

8과

今天几月几号?

Jīntiān jǐ yuè jǐ hào?

오늘은 몇 월 며칠이니?

▶ 날짜 물어보기

▶ 요일 물어보기

▶ 무슨 날인지 물어보기

49

회화공부 즐거운 기본회화

丹丹
Jīntiān jǐ yuè jǐ hào?
今天　几　月　几　号?

오늘은 몇 월 며칠이니?

欢喜
Jīntiān wǔ yuè qī hào.
今天　五　月　七　号。

오늘은 5월 7일이야.

丹丹
Jīntiān xīngqījǐ?
今天　星期几?

오늘은 무슨 요일이니?

欢喜
Jīntiān xīngqīsān.
今天　星期三。

오늘은 수요일이야.

 50

단어공부

- 今天 jīntiān 오늘
- 月 yuè 월
- 号 hào 일
- 星期几 xīngqī jǐ 무슨 요일
- 星期三 xīngqī sān 수요일
- 星期 xīngqī 요일

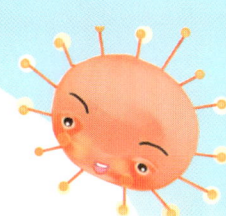

丹丹   **Míngtiān shì shénme rìzi?**
        明天　　是　什么　日子?

내일은 무슨 날이니?

欢喜   **Míngtiān shì wǒ de shēngrì.**
        明天　　是　我　的　生日。

내일은 내 생일이야.

- 明天 míngtiān 내일
- 日子 rìzi 날

- 生日 shēngrì 생일

콕콕 Point

1. 几月几号? Jǐ yuè jǐ hào?

중국어로 날짜를 물을 때에는 의문사 '几 jǐ'를 사용하며, 대답할 때에는 '几' 자리에 숫자를 넣으면 됩니다.

열두 달 읽는 법

1월	2월	3월	4월	5월	6월
yī yuè	èr yuè	sān yuè	sì yuè	wǔ yuè	liù yuè
一月	二月	三月	四月	五月	六月

7월	8월	9월	10월	11월	12월
qī yuè	bā yuè	jiǔ yuè	shí yuè	shíyī yuè	shí'èryuè
七月	八月	九月	十月	十一月	十二月

날짜 읽는 법

숫자 뒤에 '号 hào'나 '日 rì'를 붙여 표현하는데 구어체에서는 주로 '号 hào'를 사용합니다.

1일	2일	3일	10일	15일
yī hào	èr hào	sān hào	shí hào	shíwǔ hào
一号	二号	三号	十号	十五号

20일	27일	…	31일
èrshí hào	èrshíqī hào	…	sānshíyī hào
二十号	二十七号	…	三十一号

2 星期几? Xīngqī jǐ?

요일을 물을 때는 의문사 '几'를 사용합니다. '星期 xīngqī'는 '礼拜 lǐbài'로 표
현하기도 합니다.

요일 읽는 법

월요일	화요일	수요일	목요일
xīngqīyī	xīngqī'èr	xīngqīsān	xīngqīsì
星期一	星期二	星期三	星期四

금요일	토요일	일요일
xīngqīwǔ	xīngqīliù	xīngqītiān(rì)
星期五	星期六	星期天(日)

3 시간사

지난 달	이번 달	다음 달
shàng ge yuè	zhè ge yuè	xià ge yuè
上个月	这个月	下个月

지난 주	이번 주	다음 주
shàng ge xīngqī	zhè ge xīngqī	xià ge xīngqī
上个星期	这个星期	下个星期

그제	어제	오늘	내일	모레
qiántiān	zuótiān	jīntiān	míngtiān	hòutiān
前天	昨天	今天	明天	后天

51

탄탄 회화연습

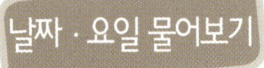 날짜 · 요일 물어보기 · 几月几号~? 몇 월 며칠에 ~하니?

1 丹丹
Nǐ jǐ yuè jǐ hào kāixué?
你 几 月 几 号 开学?

欢喜
Jiǔ yuè yī hào kāixué.
九 月 一 号 开学。

너 몇 월 며칠에 개학하니?
9월 1일에 개학해.

2 丹丹
Nǐmen jǐ yuè jǐ hào fàngjià?
你们 几 月 几 号 放假?

朋友
Wǒmen shí'èr yuè shíwǔ
我们 十二 月 十五

hào fàngjià.
号 放假。

너희는 몇 월 며칠에 방학하니?
우리는 12월 15일에 방학해.

3 丹丹
Nǐmen xīngqījǐ xué Hànyǔ?
你们 星期几 学 汉语?

朋友
Wǒmen měitiān xué Hànyǔ.
我们 每天 学 汉语。

너희들은 무슨 요일에 중국어를
공부하니?
우리들은 매일 중국어를 공부해.

 52

 단어공부

● 开学 kāixué 개학하다
● 放假 fàngjià 방학(휴가)하다

● 每天 měitiān 매일

104

무슨 날인지 물어보기 什么日子? 무슨 날이니?

1

欢喜
Zuótiān shì shénme rìzi?
昨天 是 什么 日子?

丹丹
Zuótiān shì xiàoqìngrì.
昨天 是 校庆日。

어제는 무슨 날이었니?
어제는 학교개교기념일이었어.

2

欢喜
Jīntiān shì shénme rìzi?
今天 是 什么 日子?

丹丹
Jīntiān shì értóngjié.
今天 是 儿童节。

오늘은 무슨 날이니?
오늘은 어린이날이야.

3

欢喜
Hòutiān shì shénme rìzi?
后天 是 什么 日子?

丹丹
Hòutiān shì shèngdànjié.
后天 是 圣诞节。

모레는 무슨 날이니?
모레는 성탄절이야.

- 昨天 zuótiān 어제
- 校庆日 xiàoqìngrì 개교기념일
- 儿童节 értóngjié 어린이날
- 后天 hòutiān 모레
- 圣诞节 shèngdànjié 크리스마스

53

쑥쑥 테스트

1 녹음을 듣고 따라 읽어 보세요.

① le　　　　② lù　　　　③ lǘ

④ ne　　　　⑤ luàn　　　⑥ nuǎn

2 녹음을 듣고 성조를 표기해 보세요.

① shengri　　　② houtian　　　③ ertongjie

④ fangjia　　　⑤ xiaoqingri　　⑥ rizi

3 녹음을 듣고 ▇ 칸에 병음과 성조를 써 보세요.

①

②

③

4 내용에 맞는 그림을 찾아 연결해 보세요.

① Jīntiān shí'èr yuè èrshíwǔ hào.
今天 十二 月 二十五 号。　　●　　　　　　　●　　

② Míngtiān shì māma de
明天 　是 妈妈 的

shēngrì.
生日。　　　　　　　　　　●　　　　　　　●　　

③ Jīntiān xīngqī sì.
今天 　星期四。　　　　　　●　　　　　　　●　　

④ Hòutiān shì shèngdànjié.
后天 　是 　圣诞节。　　　　●　　　　　　　●　　

술술읽기

큰소리로 읽어 보세요.

54

● 확장연습 ●

Hànyǔ
汉语　　　　　　　　중국어

xué Hànyǔ
学 汉语　　　　　　중국어를 배우다

měitiān xué Hànyǔ
每天 学 汉语　　　　매일 중국어를 배우다

Wǒmen měitiān xué Hànyǔ.
我们 每天 学 汉语。 우리는 매일 중국어를 배운다.

shēngrì
生日　　　　　　　　생일

wǒ de shēngrì
我的 生日　　　　　내 생일

shì wǒ de shēngrì
是我的 生日　　　　내 생일이다

Jīntiān shì wǒ de shēngrì.
今天 是我的 生日。　오늘은 내 생일이다.

生日聚会
Shēngrì jùhuì
생일 파티

▶ 오늘은 단단의 생일입니다. 친구들이 모여 축하 파티를 해주네요. 우리 다같이 단단의 생일을 축하해 줄까요?

▶ 생일축하 노래도 함께 배워 보세요.

55

丹丹 : **Jīntiān shì wǒ de shēngrì.**
今天　是我的　生日。
오늘은 내 생일이야.

친구1 : **Zhēnde!**
真的!
정말!

丹丹 : **Xiàwǔ wǔ diǎn kāi shēngrì jùhuì.**
下午　五　点　开　生日　聚会。
오후 5시에 생일파티를 해.

친구1 : **Wǒ yě qù, hǎo bu hǎo?**
我　也　去, 好　不　好?
나도 갈게. 응?

丹丹 : **Huānyíng huānyíng!**
欢迎　　　欢迎!
환영해!

- **真(的)** zhēn(de) 정말
- **下午** xiàwǔ 오후
- **点** diǎn 시
- **开** kāi 열다

- **聚会** jùhuì 모임
- **去** qù 가다
- **欢迎** huānyíng 환영한다

丹丹 : **Qǐng jìn!**
请进!
들어와!

친구들 : **Zhù nǐ shēngrì kuàilè!**
祝你生日快乐!
생일 축하해!

丹丹 : **Qǐng zuò!**
请坐!
앉으렴!

친구1 : **Hǎo xiāng a!**
好 香 啊!
맛있겠다!

친구2 : **Wǒmen lái chàng shēngrì gē ba!**
我们 来 唱 生日 歌 吧!
우리 생일축하 노래 부르자!

(친구들 다같이 생일축하 노래를 부르고 환호한다.)

- 请 qǐng ~하세요
- 进 jìn 들어오다
- 祝 zhù 빌다
- 快乐 kuàilè 즐겁다
- 坐 zuò 앉다

- 好 hǎo 매우
- 香 xiāng 향기롭다
- 来 lái 오다
- 唱 chàng 부르다
- 歌 gē 노래

친구3 : Xǔ ge yuàn ba!
许 个 愿 吧!
소원 빌어라!

친구4 : Chuī làzhú ba!
吹 蜡烛 吧!
촛불 끄렴!

친구1 : Zhè shì wǒ de lǐwù.
这 是 我 的 礼物。
이것은 나의 선물이야.

丹丹 : Xièxie! Wǒ jīntiān zhēn xìngfú.
谢谢! 我 今天 真 幸福。
고마워! 오늘은 정말 행복하다.

- 许愿 xǔyuàn 소원 빌다   - 吹 chuī 불다
- 蜡烛 làzhú 촛불   - 礼物 lǐwù 선물
- 幸福 xìngfú 행복

 # Happy Birthday

♩ = 112

Zhù nǐ shēng rì kuài -
祝 你 生 日 快

lè　　Zhù nǐ　　shēng　rì　kuài -
乐　　祝 你　　生　日　快

lè　Zhù nǐ shēng rì kuài le - Zhù nǐ
乐　祝 你 生 日 快 乐 祝 你

yǒng yuǎn kuài - lè
永 远 快 乐

생일 축하합니다!
생일 축하합니다!
생일 축하합니다!
영원히 행복하세요!

113

● 동시 읽기 ●

 58

Chuī pào pào
吹 泡泡　비눗방울 불기

Xiǎo mèimei, chuī pào pào,
小 妹妹, 吹 泡泡,　　꼬마 아가씨, 비눗방울 불고 있네,

dà pào pào, xiǎo pào pào,
大 泡泡, 小 泡泡,　　큰 방울방울, 작은 방울방울,

yí ge yí ge tiān shàng piāo,
一个一个天 上 飘,　　하나 하나 하늘로 날아가,

tā yào tàiyáng gōnggōng bào yi bào.
它 要 太阳 公公 抱一抱。　해님을 안아주네.

9과

现在几点？

Xiànzài jǐ diǎn?

지금 몇 시니?

▶ 시간 물어보기

▶ 의문사 **什么时候** 배우기

▶ 각종 시간 표현 배우기

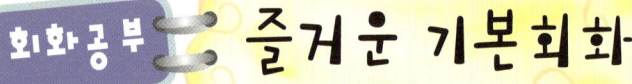

 회화공부 즐거운 기본회화

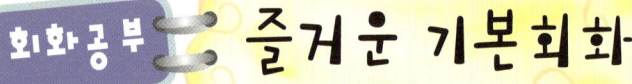 59

丹丹
Xiànzài jǐ diǎn?
现在　几　点?

지금 몇 시니?

欢喜
Xiànzài zǎoshang liù diǎn.
现在　　早上　六　点。

지금은 아침 6시야.

丹丹
Nǐ jǐ diǎn shàngxué?
你 几　点　　上学?

너 몇 시에 등교하니?

欢喜
Wǒ bā diǎn bàn shàngxué.
我　八　点　半　上学。

나 8시 반에 등교해.

 60

단어공부

- 现在 xiànzài 지금,현재
- 点 diǎn 시
- 早上 zǎoshang 아침
- 上学 shàngxué 등교하다
- 半 bàn 반

116

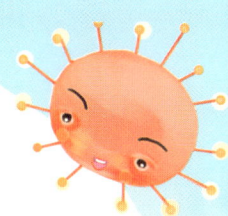

丹丹　　**Nǐmen　shénme　shíhou　fàngxué?**
　　　　你们　　什么　　时候　　放学?

너희들은 언제 하교하니?

欢喜　　**Wǒmen　xiàwǔ　liǎng　diǎn　fàngxué.**
　　　　我们　　下午　　两　　点　　放学。

우리는 오후 2시에 하교해.

- 时候 shíhou 때　　　　　　　　　　· 下午 xiàwǔ 오후
- 放学 fàngxué 하교하다

1 现在几点? Xiànzài jǐ diǎn?

시간을 묻는 표현으로 '点 diǎn'과 '分 fēn'을 사용해 대답합니다. 点은 '~시', 分은 '~분'을 뜻합니다.

예 1시 10분   1시 30분

1点 10分 yì diǎn shí fēn   1点 半 yì diǎn bàn

※ 15분을 一刻 yí kè, 30분을 半 bàn이라고도 합니다.

■ 시간 표현 익히기

1시 15분
1点 15分 yì diǎn shíwǔ fēn
=1点 一刻 yì diǎn yí kè

1시 30분(반)
1点 30分 yì diǎn sānshí fēn
=1点 半 yì diǎn bàn

1시 45분
1点 45分 yì diǎn sìshíwǔ fēn
=1点 三刻 yì diǎn sān kè

1시 55분 = 5분 전 2시
1点 55分 yì diǎn wǔshíwǔ fēn
=差5分 2点 chà wǔ fēn liǎng diǎn

※ 差 chà는 '부족하다, 모자라다'의 뜻인데, 시간을 말할 때는 '~분 전'이라는 뜻으로 쓰입니다.

2 시간 읽는 법

1 : 05 yì diǎn wǔ fēn
　　　 一 点　五 分

2 : 00 liǎng diǎn
　　　 两　　点

4 : 15 sì diǎn shíwǔ fēn = sì diǎn yí kè
　　　 四 点　十五 分 = 四 点　一刻

6 : 30 liù diǎn sānshí fēn = liù diǎn bàn
　　　 六 点　三十 分 = 六 点　半

8 : 45 bā diǎn sìshíwǔ fēn = bā diǎn sān kè
　　　 八 点　四十五 分 = 八 点　三刻

10 : 50 shí diǎn wǔshí fēn = chà shí fēn shíyī diǎn
　　　 十 点　五十 分 = 差 十 分 十一 点

3 시간사 2

- 早上 zǎoshang 아침 (6–8시)
- 中午 zhōngwǔ 낮 (12–2시)
- 傍晚 bàngwǎn 해질 무렵 (5–7시)
- 半夜 bànyè 밤 (9–12시)
- 上午 shàngwǔ 오전 (8–12시)
- 下午 xiàwǔ 오후 (2–5시)
- 晚上 wǎnshang 저녁 (7–9시)
- 深夜 shēnyè 한밤중 (12–새벽)

탄탄 회화연습

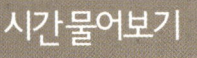 시간 물어보기

几点~? 몇 시에 ~하니?

1

丹丹　Nǐ jǐ diǎn qǐchuáng?
　　　你 几 点　起床?

欢喜　Wǒ zǎoshang qī diǎn yí kè
　　　我　早上　七 点 一 刻

　　　qǐchuáng.
　　　起床。

너 몇 시에 일어나니?
나 아침 7시 15분에 일어나.

2

丹丹　Nǐ jǐ diǎn chī zǎofàn?
　　　你 几 点　吃 早饭?

欢喜　Wǒ bā diǎn chī zǎofàn.
　　　我 八 点 吃 早饭。

너 몇 시에 아침밥을 먹니?
나는 8시에 아침밥을 먹어.

3

丹丹　Nǐ jǐ diǎn shuìjiào?
　　　你 几 点　睡觉?

欢喜　Wǒ wǎnshang shíyī diǎn
　　　我　晚上　十一 点

　　　shuìjiào.
　　　睡觉。

너는 몇 시에 잠을 자니?
나는 저녁 11시에 잠을 자.

 62

 단어공부

- 起床 qǐchuáng 일어나다
- 刻 kè 15분
- 吃 chī 먹다
- 早饭 zǎofàn 아침밥
- 睡觉 shuìjiào 잠을 자다

시간응용하기 什么时候~? 언제~하니?

1

欢喜
Nǐ shénme shíhou shàngkè?
你 什么 时候 上课?

丹丹
Wǒ shàngwǔ bā diǎn sānshí fēn
我 上午 八点 三十 分

shàngkè.
上课。

너는 언제 수업하니?
나는 오전 8시 30분에 수업해.

2

欢喜
Nǐ shénme shíhou chī wǔfàn?
你 什么 时候 吃 午饭?

丹丹
Wǒ zhōngwǔ shí'èr diǎn chī
我 中午 十二 点 吃

wǔfàn.
午饭。

너는 언제 점심밥을 먹니?
나는 낮 12시에 점심을 먹어.

3

欢喜
Nǐ shénme shíhou xiàkè?
你 什么 时候 下课?

丹丹
Wǒ xiàwǔ wǔ diǎn sān kè
我 下午 五点 三 刻

xiàkè.
下课。

너는 언제 수업이 끝나니?
오후 5시 45분에 수업 끝나!

- 上课 shàngkè 수업하다
- 上午 shàngwǔ 오전
- 中午 zhōngwǔ 낮
- 午饭 wǔfàn 점심 밥
- 下课 xiàkè 수업이 끝나다

121

63

1 녹음을 듣고 따라 읽어 보세요.

① jù   ② zhí   ③ sǐ

④ jiù   ⑤ qiē   ⑥ xiū

2 녹음을 듣고 ▦ 칸에 병음과 성조를 써 넣으세요.

①   ②

③   ④

3 그림을 보고 맞는 것과 연결하세요.

① Xiànzài shàngwǔ jiǔ diǎn bàn.
现在　　上午　九点　半。   •   •

② Xiànzài xiàwǔ wǔ diǎn sān kè.
现在　　下午　五点　三刻。   •   •

그림을 보며 대화를 완성해 보세요.

③

A Nǐ jǐ diǎn shàngxué?
   你 几 点　上 学?

B Wǒ
   我 ⬚⬚⬚⬚⬚⬚⬚⬚。

②

A Xiànzài jǐ diǎn?
   现在　　几 点?

B Xiànzài
   现在 ⬚⬚⬚⬚⬚⬚⬚⬚。

④

A Nǐ shénme shíhou xiàkè?
   你 什么　时候　下课?

B Wǒ
   我 ⬚⬚⬚⬚⬚⬚⬚⬚。

①

A Nǐ shénme shíhou chī wǎnfàn?
   你 什么　时候　吃　晚饭?

B Wǒ
   我 ⬚⬚⬚⬚⬚⬚⬚⬚。

큰소리로 읽어 보세요.

● 확장연습 ●

 64

shàngxué
上学 　　　　　　　　　학교에 간다

bā diǎn bàn shàngxué
八 点 半　　上学 　　　8시 반에 학교에 간다

zǎoshang bā diǎn bàn shàngxué
早上 　八 点 半　　　上学 　아침 8시 반에 학교에 간다

Wǒ zǎoshang bā diǎn bàn shàngxué.
我 　早上 　八 点 半　　　上学。나는 아침 8시 반에 학교에 간다.

fàngxué
放学 　　　　　　　　　하교하다

liǎng diǎn fàngxué
两点 　　放学 　　　　　2시에 하교한다

xiàwǔ liǎng diǎn fàngxué
下午 　两点 　　放学 　　오후 2시에 하교한다

Wǒmen xiàwǔ liǎng diǎn fàngxué.
我们 　下午 　两点 　　放学。우리는 오후 2시에 하교한다.

10과 你的电话号码是多少？

Nǐ de diànhuà hàomǎ shì duōshao?

전화번호가 몇 번이니?

▶ 전화번호 물어보기

▶ 시간 있는지 물어보기

▶ 번호 읽는 법 배우기

▶ 손가락으로 숫자 세는 법 배우기

65

회화공부 — 즐거운 기본회화

丹丹　Nǐ de diànhuà hàomǎ shì duōshao?
你 的 电话 号码 是 多少?
너의 전화번호는 몇 번이니?

欢喜　Qī sì liù - wǔ yāo sān líng.
七 四 六 五 一 三 零。
746-51300|야.

丹丹　Nǐ de shǒujī hàomǎ shì duōshao?
你 的 手机 号码 是 多少?
너의 핸드폰 번호는 몇 번이니?

欢喜　Líng yāo yāo - sì èr yāo qī - liù jiǔ wǔ bā.
零 一 一 四 二 一 七 六 九 五 八。
011-4217-69580|야.

66

단어공부

● 电话 diànhuà 전화
● 号码 hàomǎ 번호
● 多少 duōshao 얼마
● 手机 shǒujī 핸드폰

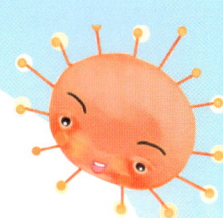

丹丹
Xīngqītiān nǐ yǒu kòngr ma?
星期天　你　有　空儿　吗?

일요일에 너 시간 있니?

欢喜
Xīngqītiān wǒ yǒu kòngr.
星期天　我　有　空儿。

일요일에 나 시간 있어.

 空儿 kòngr 짬, 시간

127

콕콕 Point

1 多少 duōshao

의문대명사 '多少' 는 '얼마'라는 뜻으로 일반적으로 묻고자 하는 수가 '10'이 상일 때 사용합니다.

※ 多少 duōshao 와 几 jǐ 비교하기

	뜻	숫자	양사
多少	얼마	10이상의 많은 수	생략 가능
几	몇	10이하의 적은 수	반드시 써야 함

2 번호 읽는 법

전화번호, 방 호수, 자동차 번호, 버스 노선 등의 숫자는 하나씩 읽어줍니다.

※ 번호 중의 숫자 '1'은 'yāo'로 읽어주는데 '7 qī'의 발음과 구별하기 위해서 입니다.

예 Lǎoshī de diànhuà shì sān qī yāo - liù qī sì yāo.
老师 的 电话 是 三 七 一 六 七 四 一。
선생님의 전화는 371–67410l다.

Sān líng yāo hào fángjiān.
三 零 一 号 房间。 301호.

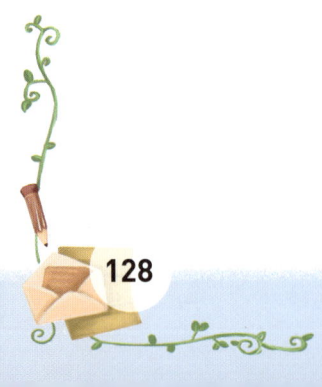

3 손가락으로 숫자 세기

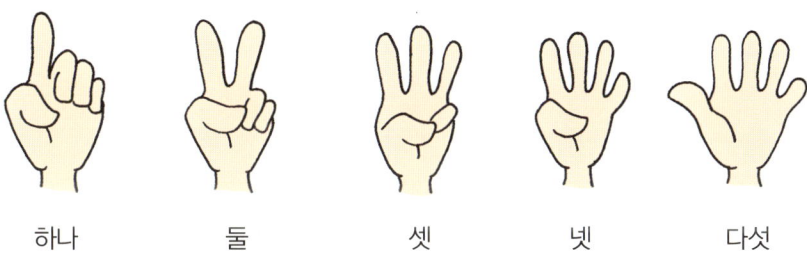

| 하나 | 둘 | 셋 | 넷 | 다섯 |

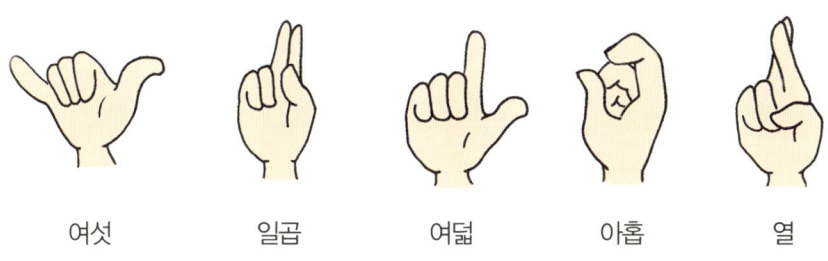

| 여섯 | 일곱 | 여덟 | 아홉 | 열 |

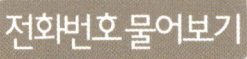

67

탄탄 회화연습

전화번호 물어보기 **电话号码是多少?** 전화번호 몇 번이니?

1 朋友1   Yīngyǔ lǎoshī de diànhuà
英语 老师 的 电话

hàomǎ shì duōshao?
号码 是 多少?

朋友2   Jiǔ sì liù - wǔ wǔ sì liù.
九 四 六 五 五 四 六。

영어 선생님 전화번호는 몇 번이니?
946-5546이야.

2 朋友1   Rìyǔ lǎoshī de shǒujī hàomǎ
日语 老师 的 手机 号码

shì duōshao?
是 多少?

朋友2   Líng yāo líng - sì yāo yāo qī -
零 一 零 四 一 一 七

liù bā liù bā.
六 八 六 八。

일어 선생님 핸드폰 번호는 몇 번
이니?
010-4117-6868이야.

 68

단어공부

- 英语 Yīngyǔ 영어
- 日语 Rìyǔ 일어
- 手机 shǒujī 핸드폰

有时间吗? 시간 있니?

1

朋友1 **Zhōumò nǐ yǒu shíjiān ma?**
　　　 周末　你　有　时间　吗?

朋友2 **Zhōumò wǒ yǒu shíjiān.**
　　　 周末　我　有　时间。

주말에 너 시간 있니?
주말에 나 시간 있어.

2

朋友1 **Xià xīngqīliù nǐ yǒu kòngr ma?**
　　　 下　星期六　你　有　空儿　吗?

朋友2 **Xià xīngqīliù wǒ méiyǒu**
　　　 下　星期六　我　没有

　　　 kòngr.
　　　 空儿。

다음 주 토요일에 너 시간 있니?
다음 주 토요일에 나 시간 없어.

3

朋友1 **Xià ge yuè nǐ yǒu shíjiān ma?**
　　　 下　个　月　你　有　时间　吗?

朋友2 **Xià ge yuè wǒ yǒu shíjiān.**
　　　 下　个　月　我　有　时间。

다음 달에 너 시간 있니?
다음 달에 나 시간 있어.

• 周末 zhōumò 주말
• 时间 shíjiān 시간

• 下 xià 다음의

131

 녹음을 듣고 따라 읽어 보세요.

① xiān   ② xiǎng   ③ qióng

④ jiāng   ⑤ jiǒng   ⑥ xiōng

 전화번호를 읽어 보세요.

① 433 - 6974   ② 270 - 1718

③ 546 - 3685   ④ 010 - 9182 - 3945

 녹음을 듣고 ▮▮ 칸에 병음과 성조를 써 넣으세요.

①   yǔ

②   jī

③   shao

④   jiān

4 그림에 맞는 전화번호를 연결해 보세요.

① Wǒ bàba de shǒujī hàomǎ shì
我 爸爸的 手机 号码 是

líng yāo wǔ - èr yāo sì sān
零 一 五 二 一 四 三

jiǔ liù bā qī.
九 六 八 七。

018 - 6565
- 7081

② Yīngyǔ lǎoshī de shǒujī hàomǎ shì
英语 老师 的 手机 号码 是

líng yāo jiǔ - sān líng sì èr
零 一 九 三 零 四 二

wǔ sān qī qī.
五 三 七 七。

015 - 2143
- 9687

③ Wǒ de shǒujī hàomǎ shì
我 的 手机 号码 是

líng yāo bā - liù wǔ liù wǔ
零 一 八 六 五 六 五

qī líng bā yāo.
七 零 八 一。

019 - 3042
- 5377

● 확장연습 ●

70

kòngr

空 儿　　　　　　　　　　　　　　짬

yǒu kòngr

有　空 儿　　　　　　　　　　　짬이 있다

wǒ yǒu kòngr

我　有　空 儿　　　　　　　　　나는 짬이 있다

Xīngqītiān wǒ yǒu kòngr.

星期天　我　有　空 儿。　　　일요일에 나는 짬이 있다.

shíjiān

时间　　　　　　　　　　　　　시간

yǒu shíjiān

有　时间　　　　　　　　　　　시간이 있다

wǒ yǒu shíjiān

我　有　时间　　　　　　　　　나는 시간이 있다

Xià ge yuè wǒ yǒu shíjiān.

下 个 月 我 有　时间。　　　다음 달에 나는 시간이 있다.

你去哪儿?

Nǐ qù nǎr?

어디 가니?

▶ 장소 표현 배우기

▶ 교통수단 배우기

▶ '~와 함께' 표현 배우기

71

회화공부 즐거운 기본회화

丹丹　**Nǐ qù nǎr?**
你 去 哪儿?
너 어디 가니?

欢喜　**Wǒ qù xuéxiào.**
我 去 学校。
나 학교에 가.

丹丹　**Nǐ gēn shéi yìqǐ qù?**
你 跟 谁 一起 去?
누구와 함께 가니?

欢喜　**Wǒ gēn péngyou yìqǐ qù.**
我 跟 朋友 一起 去。
친구와 함께 가.

 72

단어공부

- 去 qù 가다
- 哪儿 nǎr 어디
- 学校 xuéxiào 학교
- 跟 gēn ~와
- 一起 yìqǐ 함께

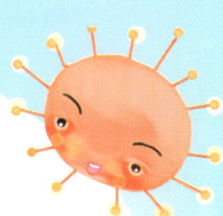

丹丹　**Nǐmen　zuò　shénme　chē　qù?**
　　　你们　坐　什么　车　去?

너희들은 무엇을 타고 가니?

欢喜　**Wǒmen　zuò　gōnggòngqìchē　qù.**
　　　我们　坐　公共汽车　去。

우리는 버스를 타고 가.

坐 zuò 앉다, 타다　　　公共气车 gōnggòngqìchē 버스
车 chē 자동차

콕콕 Point

1 你去哪儿? Nǐ qù nǎr?

'去 qù'는 목적지를 향해 간다는 뜻인데 '집에 가다'라고 할 때에는 반드시 '回家 huíjiā'라고 해야 합니다.

2 你跟谁一起去? Nǐ gēn shéi yìqǐ qù?

'A 跟 gēn B 一起 yìqǐ'는 'A와 B가 함께'라는 뜻입니다.

※ 부정할 때에는 '跟' 앞에 '不'를 넣습니다.

예 Wǒ bù gēn péngyou yìqǐ xué Hànyǔ.
　　我　不　跟　朋友　　一起 学　汉语。
　　나는 친구와 함께 중국어를 공부하지 않는다.

3 你坐什么车去? Nǐ zuò shénme chē qù?

교통수단의 동사는 일반적으로 '坐 zuò'를 사용하지만, 자전거나 오토바이, 말처럼 두 다리를 벌려 타는 것은 '骑 qí' 동사를 사용합니다.

예 Zuò gōnggong qìchē.　　　Qí mótuóchē.
　　坐　公共　汽车。　　　　骑　摩托车。
　　버스를 타다.　　　　　　오토바이를 타다.

4 교통 수단 배우기

gōnggòngqìchē
公共汽车
버스

dìtiě
地铁
지하철

fēijī
飞机
비행기

Xiàochē
校车
스쿨버스

kǎchē
卡车
트럭

chūzūchē
出租车
택시

mótuōchē
摩托车
오토바이

zìxíngchē
自行车
자전거

chuán
船
배

탄탄 회화연습

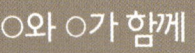 ○와 ○가 함께

A 跟 B 一起 A와 B가 함께

1 丹丹
Nǐ gēn shéi yìqǐ kàn diànyǐng?
你 跟 谁 一起 看 电影?

欢喜
Wǒ gēn nán péngyou yìqǐ
我 跟 男 朋友 一起

kàn diànyǐng.
看 电影。

너는 누구와 함께 영화 보니?
나는 남자 친구와 함께 영화 봐.

2 丹丹
Nǐ gēn shéi yìqǐ xué Hànyǔ?
你 跟 谁 一起 学 汉语?

欢喜
Wǒ gēn māma yìqǐ xué
我 跟 妈妈 一起 学

Hànyǔ.
汉语。

너는 누구와 함께 중국어를 공부하니?
나는 엄마와 함께 중국어를 공부해.

3 丹丹
Nǐ gēn shéi yìqǐ huíjiā?
你 跟 谁 一起 回家?

欢喜
Wǒ yí ge rén huíjiā.
我 一 个 人 回家。

너는 누구와 함께 집에 가니?
나는 혼자서 집에 가.

 74

 단어공부

- 电影 diànyǐng 영화
- 男朋友 nán péngyou 남자 친구
- 回家 huíjiā 집에 가다

교통수단 응용하기 坐什么车去? 무엇을 타고 가니?

1

欢喜
Nǐmen zuò shénme chē qù wàipó jiā?
你们 坐 什么 车 去 外婆 家?

朋友
Wǒmen zuò huǒchē qù wàipó jiā.
我们 坐 火车 去 外婆 家。

너희는 무엇을 타고 외할머니 댁에 가니?
우리는 기차를 타고 외할머니 댁에 가.

2

欢喜
Nǐmen zuò shénme chē qù diànyǐngyuàn?
你们 坐 什么 车 去 电影院?

朋友
Wǒmen zuò dìtiě qù
我们 坐 地铁 去

diànyǐngyuàn.
电影院。

너희는 무엇을 타고 영화관에 가니?
우리는 지하철을 타고 영화관에 가.

3

欢喜
Nǐmen zuò shénme chē qù túshūguǎn?
你们 坐 什么 车 去 图书馆?

朋友
Wǒmen qí zìxíngchē qù
我们 骑 自行车 去

túshūguǎn.
图书馆。

너희는 무엇을 타고 도서관에 가니?
우리는 자전거를 타고 도서관에 가.

- 外婆 wàipó 외할머니
- 火车 huǒchē 기차
- 电影院 diànyǐngyuàn 영화관
- 地铁 dìtiě 지하철
- 图书馆 túshūguǎn 도서관
- 骑 qí 타다
- 自行车 zìxíngchē 자전거

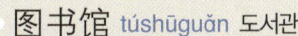

1 녹음을 듣고 따라 읽어 보세요.

① ān　　② ēn　　③ áng

④ yǎn　　⑤ yàng　　⑥ yǒng

2 녹음을 듣고 성조를 표기해 보세요.

① yiqi　　② Hanyu

③ motuoche　　④ kache

3 녹음을 듣고 ▬ 칸에 병음과 성조를 써 넣으세요..

①　　　　　②

③　　　　　④

4 서로 맞는 것끼리 연결해 보세요.

①  • • chūzūchē

②  • • gōnggòngqìchē

③  • • dìtiě

5 그림을 보고 대화를 완성해 보세요.

①

A   Nǐ gēn shéi yìqǐ huíjiā?
    你 跟 谁 一起 回家?

B   Wǒ
    我   。

②

A   Nǐmen zuò shénme chē qù túshūguǎn?
    你们 坐 什么 车 去 图书馆?

B   Wǒmen
    我们   。

76

● 확장연습 ●

Hànyǔ
汉语   중국어

xué Hànyǔ
学　汉语   중국어를 배운다

yìqǐ xué Hànyǔ
一起　学　汉语   함께 중국어를 배운다

Wǒ gēn māma yìqǐ xué Hànyǔ.
我　跟　妈妈　一起学　汉语。나와 엄마는 함께 중국어를 배운다.

túshūguǎn
图书馆   도서관

qù túshūguǎn
去　图书馆   도서관에 간다

qí zìxíngchē qù túshūguǎn
骑　自行车　去　图书馆   자전거를 타고 도서관에 간다

Wǒmen qí zìxíngchē qù túshūguǎn.
我们　骑　自行车　去　图书馆。우리는 자전거를 타고 도서관에 간다.

12과

你想吃什么?

Nǐ xiǎng chī shénme?

너는 뭐가 먹고 싶니?

▶ '～하고 싶다' 표현 배우기

▶ '～을 좋아하다' 표현 배우기

▶ 간식 이름 배우기

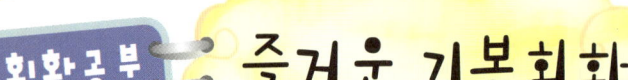

77

회화공부 - 즐거운 기본회화

欢喜
Nǐ xiǎng chī shénme?
你 想 吃 什么?
넌 뭐 먹고 싶니?

丹丹
Wǒ xiǎng chī bǐsàbǐng.
我 想 吃 比萨饼。
나 피자 먹고 싶어.

欢喜
Jīntiān wǒ qǐngkè.
今天 我 请客。
오늘 내가 한턱낼게.

丹丹
Tài hǎo le! Xièxie!
太 好 了! 谢谢!
너무 좋다. 고마워!

 78

단어공부

- 想 xiǎng ~하고 싶다
- 比萨饼 bǐsàbǐng 피자
- 请客 qǐngkè 한턱내다
- 太 tài 너무, 대단히
- 了 le 어기조사

146

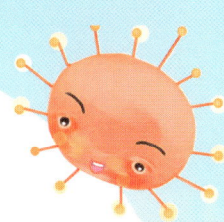

欢喜　　**Nǐ xǐhuan hē kělè ma?**
　　　　你　喜欢　喝 可乐 吗?

넌 콜라 마시는 거 좋아하니?

丹丹　　**Wǒ xǐhuan hē kělè.**
　　　　我　喜欢　喝 可乐。

난 콜라 마시는 거 좋아해.

　　　　Kělè hěn hǎo hē.
　　　　可乐　很　好 喝。

콜라는 아주 맛있어.

- 喜欢 xǐhuan 좋아하다　　　　　· 好喝 hǎo hē 맛있다
- 喝 hē 마시다
- 可乐 kělè 콜라

콕콕 Point

1

你想吃什么? Nǐ xiǎng chī shénme?

'想'은 동사 앞에 놓이며 '~하고 싶다'라는 뜻으로 쓰입니다.
부정은 '想'앞에 '不'를 써서 표현합니다.

2

太好了! Tài hǎo le!

〈太 + 형용사 + 了〉의 형식으로 쓰이면 '너무 ~하다'의 뜻입니다.

3

我喜欢喝可乐。 Wǒ xǐhuan hē kělè.

〈喜欢 + 동사〉의 형식으로 '~하는 것을 좋아하다'는 뜻입니다.

4

很好喝。 hěn hǎo hē.

〈好 + 동사〉의 형식으로 쓰이면 '~하기에 좋다'라는 뜻입니다.
강조는 '很', 부정은 '不'를 '好' 앞에 붙여 표현합니다.

> 예 好看 hǎo kàn ⇒ 보기에 좋다 = 예쁘다
>   很好看 hěn hǎo kàn ⇒ 매우 예쁘다
>   不好看 bù hǎo kàn ⇒ 예쁘지 않다

5 간식 이름 배우기

bǐsàbǐng
比萨饼
피자

tǔsī
土司
토스트

règǒu
热狗
핫도그

hànbǎo(bāo)
汉堡(包)
햄버거

tiánquān
甜圈
도너츠

sānmíngzhì
三明治
샌드위치

shǔtiáo
薯条
프렌치프라이

yìdàlìmiàn
意大利面
스파게티

niúnǎi
牛奶
우유

guǒzhī
果汁
주스

79

탄탄 회화연습

조동사 想 응용하기 你想 ~ ? ~하고 싶니?

1 丹丹 Nǐ xiǎng kàn shénme?
你 想 看 什么?

欢喜 Wǒ xiǎng kàn xiǎoshuō.
我 想 看 小说。

너는 뭐가 보고 싶니?
나는 소설을 보고 싶어.

2 丹丹 Nǐ xiǎng zuò shénme?
你 想 做 什么?

欢喜 Wǒ xiǎng zuò zuòyè.
我 想 做 作业。

너는 무엇을 하고 싶니?
나는 숙제가 하고 싶어.

3 丹丹 Nǐ xiǎng tīng shénme?
你 想 听 什么?

欢喜 Wǒ xiǎng tīng yīnyuè.
我 想 听 音乐。

너는 무엇을 듣고 싶니?
나는 음악이 듣고 싶어.

 80

 **단어공부**

- 小说 xiǎoshuō 소설
- 音乐 yīnyuè 음악
- 作业 zuòyè 숙제

喜欢 응용하기 　你喜欢 ~? ~하는 것을 좋아하니?

1　丹丹　Nǐ xǐhuan chī shuǐguǒ ma?
　　　　你 喜欢 吃 水果 吗?

　　欢喜　Wǒ hěn xǐhuan chī shuǐguǒ.
　　　　我 很 喜欢 吃 水果。

　　　　Shuǐguǒ hěn hǎo chī.
　　　　水果 很 好 吃。

너 과일 먹는 거 좋아하니?
나 과일 먹는 거 아주 좋아해.
과일은 아주 맛있어.

2　丹丹　Nǐ xǐhuan hē niúnǎi ma?
　　　　你 喜欢 喝 牛奶 吗?

　　欢喜　Wǒ bù xǐhuan hē niúnǎi.
　　　　我 不 喜欢 喝 牛奶。

　　　　Niúnǎi bù hǎo hē.
　　　　牛奶 不 好 喝。

너 우유 마시는 거 좋아하니?
나 우유 마시는 거 좋아하지 않아.
우유는 맛이 없어.

3　丹丹　Nǐ xǐhuan tīng yīnyuè ma?
　　　　你 喜欢 听 音乐 吗?

　　欢喜　Wǒ hěn xǐhuan tīng yīnyuè.
　　　　我 很 喜欢 听 音乐。

　　　　Yīnyuè hěn hǎo tīng.
　　　　音乐 很 好 听

너 음악 듣는 거 좋아하니?
나 음악 듣는 거 좋아해.
음악은 아주 듣기 좋아.

- 水果 shuǐguǒ 과일
- 好吃 hǎo chī 맛있다
- 牛奶 niúnǎi 우유
- 好听 hǎo tīng 듣기 좋다

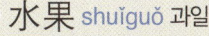

쑥쑥 테스트

1 녹음을 듣고 따라 읽어 보세요.

① ǒu   ② kòu   ③ hóu

④ rì   ⑤ xū   ⑥ chì

2 녹음을 듣고 ▇▇ 칸에 병음과 성조를 써 넣으세요.

①   ②

③   ④

⑤   ⑥

3 서로 맞는 것끼리 연결해 보세요.

① kělè
   可乐   ●   ● bù hǎo chī
                                       不 好 吃

② bǐsàbǐng
   比萨饼   ●   ● hěn hǎo tīng
                                       很 好 听

③ yīnyuè
   音乐   ●   ● hěn hǎo hē
                                       很 好 喝

4 내용이 일치하는 것끼리 연결해 보세요.

① Wǒ mèimei xǐhuan
我　妹妹　喜欢

hē niúnǎi.
喝　牛奶。

② Wǒ jiějie xǐhuan
我　姐姐　喜欢

tīng yīnyuè.
听　音乐。

③ Wǒ nǎinai bù xǐhuan
我　奶奶　不　喜欢

chī shuǐguǒ.
吃　水果。

확장연습  82

shuǐguǒ	水果	과일
chī shuǐguǒ	吃 水果	과일을 먹는다
xǐhuan chī shuǐguǒ	喜欢 吃 水果	과일 먹는 것을 좋아한다
hěn xǐhuan chī shuǐguǒ	很 喜欢 吃 水果	과일 먹는 것을 아주 좋아한다
Wǒ hěn xǐhuan chī shuǐguǒ.	我 很 喜欢 吃 水果。	나는 과일 먹는 것을 아주 좋아한다.

niúnǎi	牛奶	우유
hē niúnǎi	喝 牛奶	우유를 마신다
xǐhuan hē niúnǎi	喜欢 喝 牛奶	우유 마시는 것을 좋아한다
bù xǐhuan hē niúnǎi	不 喜欢 喝 牛奶	우유 마시는 것을 좋아하지 않는다
Tā bù xǐhuan hē niúnǎi.	他 不 喜欢 喝 牛奶。	그는 우유 마시는 것을 좋아하지 않는다.

七只小羊

Qī zhī xiǎo yáng

일곱 마리 아기 양

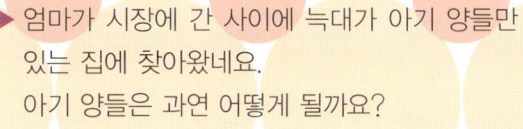

▶ 엄마가 시장에 간 사이에 늑대가 아기 양들만
있는 집에 찾아왔네요.
아기 양들은 과연 어떻게 될까요?

▶ 동화를 보고난 후 재미있는 가위바위보 노래
도 배워 보세요.

아름다운 숲 속에 엄마 양과 일곱 마리 아기양이 행복하게 살고 있었습니다.
하루는 엄마 양이 시장에 갔는데 늑대가 나타났습니다.

노크 : 똑똑똑

아기양 : Nǐ shì shéi?
你 是 谁?
누구세요?

늑대 : Māma huílai le. Kāimén ba.
妈妈 回来 了。 开门 吧。
엄마가 왔단다. 문 열어라.

아기양 : Búshì, búshì. Nǐ búshì wǒmen de māma.
不是, 不是。 你 不是 我们 的 妈妈。
아니에요, 아니에요. 당신은 우리 엄마가 아니에요.

그러나 결국 아기 양들은 늑대에게 잡아먹혔습니다.
엄마 양이 집으로 돌아와 아기 양들을 찾습니다.

엄마 양 : Bǎobaomen, nǐmen dōu qù nǎr le?
宝宝们, 你们 都 去 哪儿了?
얘들아 모두 어디 갔니?

막내아기 양 : Māma!
妈妈!
엄마!

- 只 zhī 마리(양사)
- 回来 huílai 돌아오다
- 开门 kāimén 문을 열다
- 宝宝 bǎobao 아가, 보배

숨어 있던 아기 양 한 마리가 엄마에게 자초지종을 얘기했고, 엄마는 늑대가 잠든 사이에 늑대 뱃 속에서 아기 양들을 구했습니다.

엄마 양 : yī èr sān sì wǔ liù. Tài hǎo le! Nǐmen dōu méi shìr.
一 二 三 四 五 六。太 好 了! 你们 都 没 事儿。
하나 둘 셋 넷 다섯 여섯.　다행이구나.　모두 무사하구나.

아기 양 : Xièxie māma! Xièxie! māma!
谢谢! 妈妈! 谢谢! 妈妈!
엄마! 감사합니다!

엄마 양 : Yǐhòu yào xiǎoxīn.
以后 要 小心。
앞으로는 조심해야 한다.

아기 양 : Zhīdao le!
知道了!
알겠습니다!

- 以后 yǐhòu 앞으로, 다음에
- 要 yào ~해야 한다
- 知道 zhīdao 알다

cāiquán
猜拳

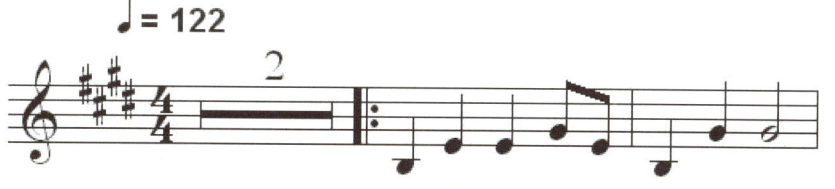

好 朋 友 我 们 行 个 礼
hǎo péngyou wǒmen xíng ge lǐ

握 握 手 呀 来 猜 拳
wò wò shǒu ya lái cāi quán

石 碰 帕 呀 看 谁 赢 输 了 就 要
shí pèng pà ya kàn shéi yíng shū le jiù yào

跟 我 走
gēn wǒ zǒu

친구끼리 안녕하며
손에 손 가위 바위 보.
주먹이 보와 만났네, 누가 이겼지?
졌으면 나를 따라 오렴.

 86

● 잰말놀이 ●

Wǒ hé é
我 和 鹅   나와 거위

Wǒ shì wǒ, é shì é,
我 是 我, 鹅 是 鹅,   나는 나요, 거위는 거위다.

wǒ bú shì é, é bú shì wǒ.
我 不 是 鹅, 鹅 不 是 我。   난 거위가 아니고, 거위는 내가 아니다.

é dù è, wǒ wèi é,
鹅 肚 饿, 我 喂 鹅,   거위가 배가 고파, 내가 거위에게 먹이를 주네.

wǒ ài é, é qīn wǒ.
我 爱 鹅, 鹅 亲 我。   난 거위를 사랑하고, 거위는 내게 뽀뽀를 하네.

쑥쑥 테스트 해답

1과

2
① hǎo ② nǐ
③ zài ④ māma
⑤ nǐ zǎo ⑥ gēge

3
① wǎn'ān ② gēge
③ zǎo ④ bàba

4
①
②
③
④

2과

2
① yě ② lǎoshī
③ hěn ④ zuìjìn
⑤ nǐmen ⑥ shēntǐ

3
① xièxie ② méiguānxi
③ duìbuqǐ ④ bú kèqi

4
① 饿 è
② 困 kùn
③ 忙 máng

5
① (×)
② (×)
③ (○)

3과

2
① míngzi ② jiào
③ hěn ④ wǒ
⑤ guì ⑥ yě

3
(1) ② zhuàn
(2) ① zuó

4
①
②
③

4과

2
① yǒu ② yéye
③ liàng ④ cídiǎn
⑤ hé ⑥ běnzi

3
(1) ② shū
(2) ① duō

4
① Wǒ méiyǒu nǚ péngyou
   我　没有　女　朋友

② Wǒ yǒu hěn duō Hànyǔ shū
   我　有　很　多　汉语　书

③ Wǒ yǒu liǎng ge dìdi
   我　有　两　个 弟弟

5과

2️⃣ (1) ③ suì
(2) ⑤ zhōng

3️⃣ ① Wǒ shǔ zhū.
② Wǒ jīnnián shíjiǔ suì.

4️⃣
① Wǒ shǔ lóng
我 属龙

② Wǒ jiǔ suì
我 九 岁

③ Wǒ shàng zhōngxué yī niánjí
我 上 中学 一 年级

④ Wǒ shàng gāozhōng èr niánjí
我 上 高中 二 年级

6과

2️⃣ ① nǎ   ② jiāxiāng
③ rén   ④ guó
⑤ shì   ⑥ gùxiāng

3️⃣ (1) ③ qí
(2) ② yán

4️⃣ ①
②
③
④

7과

2️⃣ ① zhè   ② shéi
③ shǒujī   ④ cháng
⑤ kàn   ⑥ cídiǎn

3️⃣ ① qiānbǐhé
② mànhuàshū
③ dāngrán
④ kěyǐ

4️⃣ ①
②
③

8과

2️⃣ ① shēngrì   ② hòutiān
③ értóngjié   ④ fàngjià
⑤ xiàoqìngrì   ⑥ rìzi

3️⃣ ① Měitiān xué Hànyǔ.
② Sān yuè yí hào kāixué.
③ Zuótiān shì xīngqīliù.

4️⃣ ①
②
③
④

163

9과

2
① yì diǎn líng wǔ fēn
② sān diǎn shí fēn
③ sì diǎn èrshí bā fēn
④ liù diǎn sānshí fēn

3
① ②

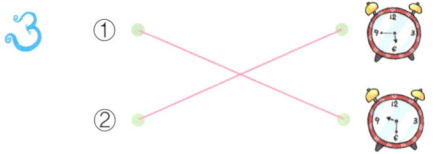

4
① Wǒ qī diǎn èrshí fēn shàngxué
我 七点 二十分 上学

② Xiànzài liǎng diǎn
现在 两 点

③ Wǒ san diǎn sìshí fen xiàkè
我 三点 四十分 下课

④ Wǒ wǎnshang liù diǎn chī wǎnfàn
我 晚上 六点 吃 晚饭

10과

2
① sì sānsān - liù jiǔ qī si
② èr qī líng - yāo qī yāo bā
③ wǔ sì liù - sān liù bā wǔ
④ líng yāo líng - jiǔ yāo bā èr - sān jiu sì wǔ

3
① Rì   ③ duō
② shǒu ④ shí

4
① ② ③

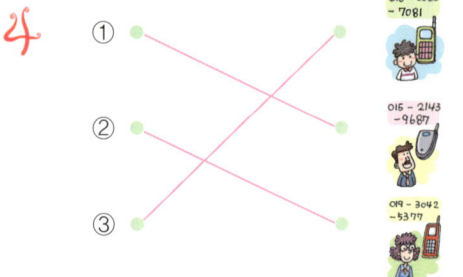

11과

2
① yìqǐ   ② Hànyǔ
③ mótuo1chē ④ kǎchē

3
① wàipó ② xuéxiào
③ zuò   ④ qí

4
① ② ③

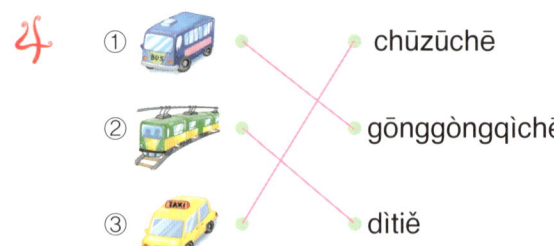

chūzūchē

gōnggòngqìchē

dìtiě

5
① Wǒ yí ge rén huíjiā
我 一个人 回家

② Wǒmen zuò zìxíngchē qù túshūguǎn
我们 坐 自行车 去 图书馆

12과

2
① xiǎoshuō ② niúnǎi
③ zuòyè   ④ qǐngkè
⑤ xǐhuan   ⑥ shuǐguǒ

3
① Wkělè   bù hǎo chī
可乐   不 好 吃

② bǐsàbǐng   hěn hǎo tīng
比萨饼   很 好 听

③ yīnyuè   hěn hǎo hē
音乐   很 好 喝

4
① ② ③

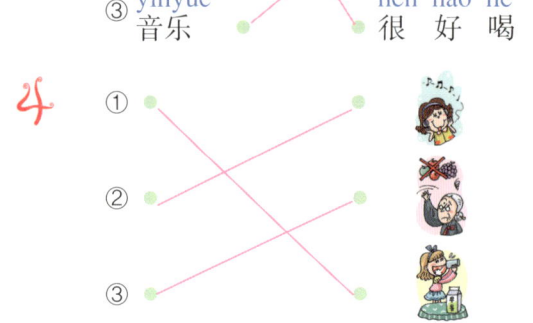

기본을 확실하게 잡아주는

씨앤톡 주니어 중국어 1

와! 너 중국어 실력짱이다!

워크북

씨앤톡
See&Talk

1 ___ 에 알맞은 한어병음을 쓰고 성조를 표기해 보세요.

① 小心! xi ___ o x ___ n
조심해라!

② 晚安! w ___ n' ___ n
안녕히 주무세요!

2 다음 중국어에 해당하는 발음을 써 보세요.

① 妈妈
엄마

② 再见!
잘 가!

3 우리말에 해당하는 중국어 발음과 한자를 연결해 보세요.

① hǎo •   • 你 너

② zǎo •   • 早 이르다

③ nǐ •   • 好 좋다

2

4 말풍선에 있는 말을 중국어 발음으로 바꿔 보세요.

① [   ] !

② [   ] !

③ [   ] !
　 [   ] !

④ [   ] !
　 [   ] !

5 다음 대화를 중국어로 써 보세요.

① 엄마, 안녕히 주무셨어요!

잘 잤니!

② 아빠, 안녕히 주무세요!

잘 자!

③ 잘 가!

내일 보자!

早安
zǎo'ān

안녕히 주무셨어요

●早 이를 조 ●安 편안할 안

早早早早早早

安安安安安安

再见
zàijiàn

잘 가

●再 다시 재 ●见 볼 견

再再再再再再

见见见见

路
lù

길

●路 길 로

路路路路路路路路路路路路

好
hǎo

좋다

●好 좋을 호

好好好好好好

明天
míngtiān

내일

●明 밝을 명 ●天 하늘 천

明明明明明明明明

天天天天

5

1 　 에 알맞은 한어병음을 쓰고 성조를 표기해 보세요.

① 同学　　t　ng xu
학급 친구

② 老师　　l　o sh
선생님

2 다음 중국어에 해당하는 발음을 써 보세요.

① 身体
몸, 건강

② 早上
아침

3 우리말에 해당하는 중국어 발음과 한자를 연결해 보세요.

① máng ·　　　　　 · 渴 목마르다

② è ·　　　　　 · 忙 바쁘다

③ kě ·　　　　　 · 饿 배고프다

4   그림을 보고 대화를 완성해 보세요.

① A Nǐ kùn ma?
　　　你 困 吗?

　　B ＿＿＿＿＿＿＿＿＿＿＿。

② A Nǐ kě ma?
　　　你 渴 吗?

　　B ＿＿＿＿＿＿＿＿＿＿＿。

③ A Nǐ máng ma?
　　　你 忙 吗?

　　B ＿＿＿＿＿＿＿＿＿＿＿。

④ A Nǐ è ma?
　　　你 饿 吗?

　　B ＿＿＿＿＿＿＿＿＿＿＿。

5 다음 중국어를 우리말로 해석해 보세요

① Nǐ shēntǐ hǎo ma?
你 身体 好 吗?

② Zuìjìn wǒ bù máng.
最近 我 不 忙。

③ Nǐ māma hǎo ma?
你 妈妈 好 吗?

④ Méi guānxi!
没关系!

老师 **lǎoshī** 선생님 ●老 늙을 로 ●師 스승 사	老老老老老老		
	师师师师师师		

身体 **shēntǐ** 몸, 건강 ●身 몸 신 ●體 몸 체	身身身身身身身		
	体体体体体体体		

谢 **xiè** 감사하다 ●谢 사례할 사	丶 讠 讠 讥 询 询 询 询 询 谢 谢 谢		

饿 **è** 배고프다 ●餓 주릴 아	饿饿饿饿饿饿饿饿饿饿		

困 **kùn** 졸리다 ●困 곤할 곤	困困困困困困困		

9

제 3 과 | 你叫什么名字?

1 ______ 에 알맞은 한어병음을 쓰고 성조를 표기해 보세요.

① 什么 무엇 — sh ______ nme

② 名字 이름 — m ______ ng z ______

③ 你们 너희들 — n ______ men

④ 请问 실례합니다 — q ______ ng w ______ n

2 다음 단어의 뜻을 써 보세요.

① 我们 wǒmen ______

② 学习 xuéxí ______

③ 他 tā ______

3   다음 말풍선의 대화를 중국어로 완성해 보세요.

① A _____?

  B Wǒ jiào Lǐ Dāndān.
    我 叫 李 丹丹。

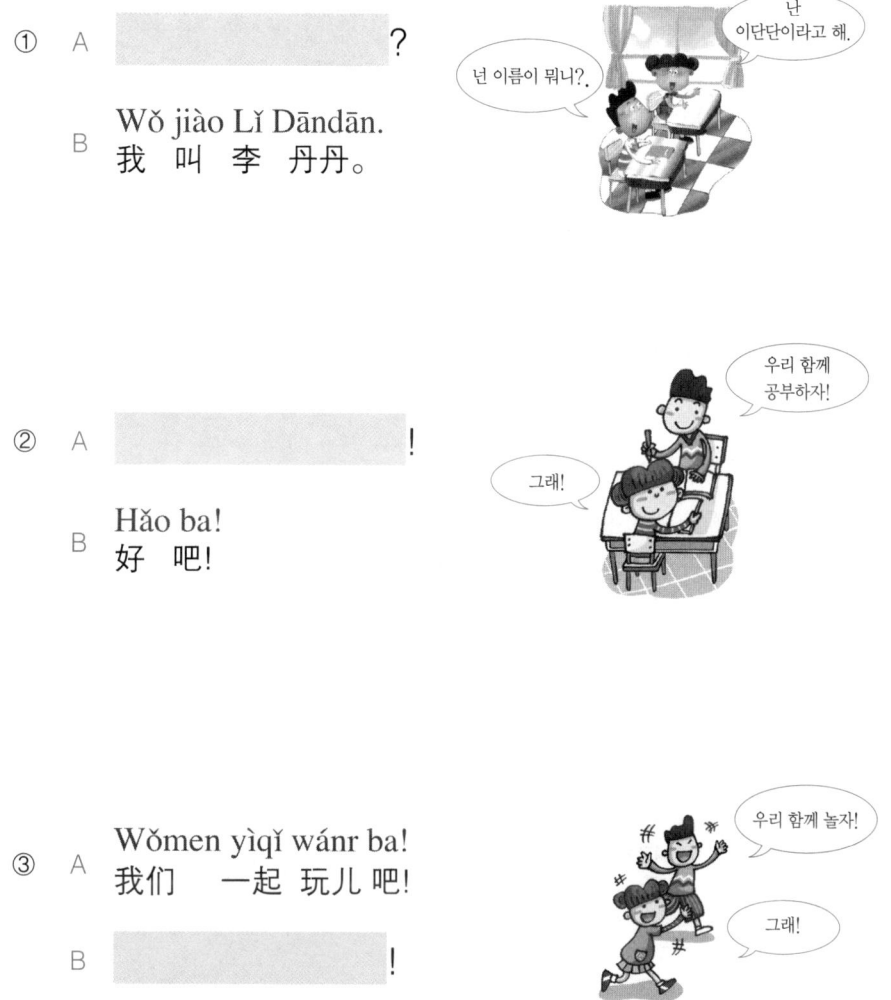

② A _____!

  B Hǎo ba!
    好 吧!

③ A Wǒmen yìqǐ wánr ba!
    我们 一起 玩儿 吧!

  B _____!

4 다음을 우리말로 해석해 보세요.

① Nǐ jiào shénme míngzi?
你 叫 什么 名字?

_____

② Rènshi nǐ, wǒ hěn gāoxìng.
认识 你, 我 很 高兴。

_____

③ Wǒmen zuò ge péngyou ba.
我们 做 个 朋友 吧。

_____

叫 jiào ~라고 부르다 • 叫 부르짖을 규	叫 叫 叫 叫 叫			

名字 míngzi 이름 • 名 이름 명 • 字 글자 자	ノ ク タ タ 名 名 字 字 字 字 字 字		

朋友 péngyou 친구 • 朋 벗 붕 • 友 벗 우	朋 朋 朋 朋 朋 朋 朋 朋 友 友 友 友		

姓 xìng 성 • 姓 성씨 성	し 女 女 女 女 妒 姓 姓			

个 gè 개, 명 • 個 낱 개	个 个 个			

제4과 | 你家有几口人?

1 □ 에 알맞은 한어병음을 쓰고 성조를 표기해 보세요.

① 汉语　　　Hàn □
　중국어

② 兄弟　　　□ dì
　형제

③ 爷爷　　　yé □
　할아버지

2 다음 빈 칸에 알맞은 숫자를 써 보세요.

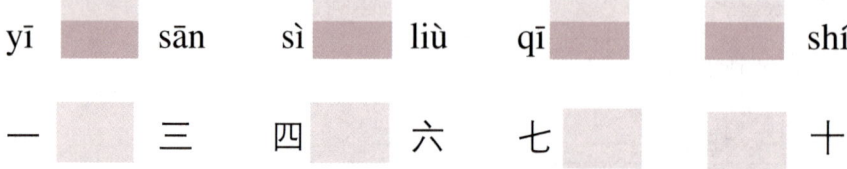

yī □　sān　sì □　liù　qī □　□ shí

一 □　三　四 □　六　七 □　□ 十

3 맞는 것끼리 연결하세요.

① yǒu　•　　　• 多 많다

② liǎng　•　　　• 有 있다

③ duō　•　　　• 两 둘

14

4 그림을 보고 대화를 완성해 보세요.

① A Nǐ jiā yǒu jǐ kǒu rén?
       你家 有几口人?

   B _____。

② A Nǐ yǒu xiōngdì jiěmèi ma?
       你有 兄弟姐妹 吗?

난 남동생이 둘 있어.

   B _____。

③ A Nǐ yǒu nǚ péngyou ma?
       你有 女朋友 吗?

여자 친구 없어.

   B _____。

④ A Nǐ jiā yǒu shénme rén?
       你家有 什么人?

우리집에는 아빠,
엄마, 남동생,
내가 있어.

   B _____

       _____。

5 다음 중국어 문장을 우리말로 해석해 보세요.

① Wǒ shì dúshēngnǚ.
我 是 独生女。

② Lǎoshī jiā yǒu bā kǒu rén.
老师 家 有 八口人。

③ Wǒ jiā yǒu nǎinai、bàba、māma、yí ge jiějie hé wǒ.
我 家 有 奶奶、爸爸、妈妈、一个 姐姐 和 我。

④ Wǒ péngyou méiyǒu dìdi.
我 朋友 没有 弟弟。

家	家家家家家宀宀家家家				
jiā					
집					
家 집 가					

几	几几				
jǐ					
몇					
幾 몇 기					

汉语	汉汉汉汉汉				
	语语语语语语语语语				
Hànyǔ					
중국어					
漢 한수 한 語 말씀 어					

书	书书书书				
shū					
책					
書 글 서					

有	有有有有有有				
yǒu					
있다					
有 있을 유					

1 다음 한자에 해당하는 병음을 쓰고 성조를 표시해 보세요.

① **年级**
학년

② **年纪**
나이

③ **中学**
중학교

2 다음 동물의 병음을 써 보세요.

3 그림을 보고 대화를 완성해 보세요.

① A _____?

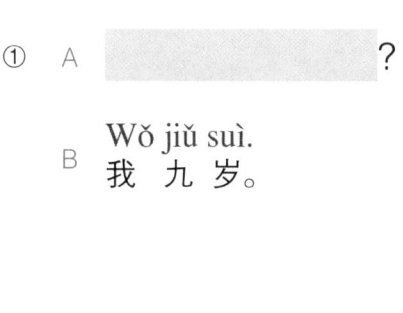

아홉 살.

B Wǒ jiǔ suì.
我 九 岁。

② A Nǐ shàng jǐ niánjí?
你 上 几 年级?

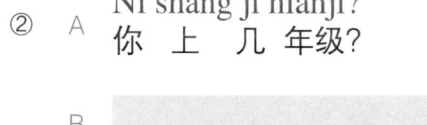

초등학교 1학년.

B _____。

③ A _____?

열 일곱 살.

B Tā shíqī suì.
他 十七 岁。

④ A _____?

넌 무슨 띠니?

B Wǒ shǔ zhū.
我 属 猪。

4 다음을 우리말로 해석해 보세요.

① Nǐ yéye jīnnián duōdà niánjì?
你 爷爷 今年 多大 年纪?

② Wǒ gēge shàng gāozhōng èr niánjí.
我 哥哥 上 高中 2年级。

③ Wǒ shǔ lóng.
我 属 龙。

쓰기연습

多大 duōdà (나이)얼마인가? •多 많을 다 •大 큰 대	多多多多多多 大大大		
岁 suì 살, 세 •歲 해 세	岁岁岁岁岁岁		
小学 xiǎoxué 초등학교 •小 작을 소 •學 배울 학	小小小 学学学学学学学		
年级 niánjí 학년 •年 해 년 •級 등급 급	年年年年年年 级级级级级级级		
属 shǔ ～에 속하다 •屬 무리 속	属属属属属属属属属属属		

21

제6과 | 你是哪国人?

1 다음 한자에 해당하는 병음을 쓰고 성조를 표시해 보세요.

① 家乡
고향

② 日本
일본

③ 北京
베이징

2 중국어에 해당하는 발음과 뜻을 써 보세요.

	발음	뜻
① 哪儿		
② 英国		
③ 人		
④ 首尔		

3 그림을 보고 대화를 완성해 보세요.

① A Tā shì nǎ guó rén?
   他 是 哪 国 人?

   B _____。

② A Tā shì Rìběn rén ma?
   他 是 日本 人 吗?

   B _____,

   _____。

③ A _____?

   B Tā shì Měiguórén.
   他 是 美国人。

4 나라와 수도를 바르게 연결하세요.

① 중국 •

Hánguó
• 韩国 •

Dōngjīng
• 东京

② 한국 •

Měiguó
• 美国 •

Běijīng
• 北京

③ 일본 •

Zhōngguó
• 中国 •

Shǒu'ěr
• 首尔

④ 미국 •

Rìběn
• 日本 •

Huáshèngdùn
• 华盛顿

韩国 Hánguó 한국 ●韓 나라이름 한 ●國 나라 국	韩 韩 韩 韩 韩 韩 韩 韩 韩 韩 韩		
	国 国 国 国 国 国 国 国		

北京 Běijīng 북경 ●北 북녘 북 ●京 서울 경	北 北 北 北 北		
	京 京 京 京 京 京 京 京		

故乡 gùxiāng 고향 ●故 연고 고 ●鄕 시골 향	故 故 故 故 故 故 故 故 故		
	乡 乡 乡		

是 shì 이다 ●是 옳을 시	是 是 是 是 是 是 是 是 是		

英国 Yīngguó 영국 ●英 꽃부리 영 ●國 나라 국	英 英 英 英 英 英 英 英 英		
	国 国 国 国 国 国 国 国		

25

1 그림을 보고 알맞은 중국어 발음을 써 보세요.

①

②

③

2 중국어에 해당하는 발음과 뜻을 써 보세요.

	발음	뜻
① 谁		
② 词典		

3   그림을 보고 대화를 중국어로 완성해 보세요.

①   A   ?

    B   Zhè shì mp sān.
        这 是   MP3。

②   A   Nà shì shénme?
        那 是   什么?

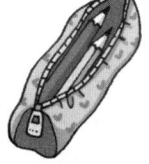

    B   。

③   A   Nà shì shéi de shǒujī?
        那 是   谁的   手机?

    B   。

4   다음 중국어를 우리말로 해석해 보세요.

① Zhè shì wǒ de běnzi.
这 是 我的 本子。

② Wǒ kěyǐ yòngyong nǐ de shǒujī ma?
我 可以 用用 你的 手机 吗?

③ Wǒ kěyǐ chángchang nǐ de kāfēi ma?
我 可以 尝尝 你的 咖啡 吗?

④ Dāngrán.
当然。

谁 shéi 누구 ● 誰 누구 수	谁 谁 谁 谁 谁 谁 谁 谁 谁 谁			

听 tīng 듣다 ● 聽 들을 청	听 听 听 听 听 听 听			

当然 dāngrán 당연하다 ● 當 마땅할 당 ● 然 그러할 연	当 当 当 当 当 当 然 然 然 然 然 然 然 然 然 然 然 然			

看 kàn 보다 ● 看 볼 간	看 看 看 看 看 看 看 看 看			

这 zhè 이, 이것 ● 這 이 저	这 这 这 这 这 这 这			

29

1 다음 중국어에 해당하는 발음을 써 보세요.

① 生日
생일

② 放假
방학하다

2 주어진 단어를 사용하여 순서에 맞게 ▢ 에 써 넣으세요.

shàng	zuó	sì	liù	xià	míng
上	昨	四	六	下	明

① 前天 　　天 　今天 　　天 　后天
　qiántiān 　　　　　jīntiān 　　　　hòutiān

　그제 　　어제 　　오늘 　　내일 　　모레

② 星期三 　星期▢ 　星期五 　星期▢ 　星期天
　xīngqī sān 　xīngqī 　xīngqī wǔ 　xīngqī 　xīngqī tiān

　수요일 　목요일 　금요일 　토요일 　일요일

③ ▢个月 　　这个月 　　▢个月
　 ge yuè 　　zhè ge yuè 　　ge yuè

　지난 달 　　이번 달 　　다음 달

3 다음 달력을 보고 중국어로 대답해 보세요.

① Jīntiān jǐ yuè jǐ hào?
今天 几 月 几 号?

② Zuótiān xīngqī jǐ?
昨天 星期几?

③ Nǐ jǐ yuè jǐ hào fàngjià?
你 几 月 几 号 放假?

④ Míngtiān shì shénme rìzi?
明天 是 什么 日子?

4 다음 물음에 중국어로 대답해 보세요.

① Nǐ māma de shēngrì shì jǐ yuè jǐ hào?
你 妈妈 的 生日 是 几月几号?

② Nǐ jǐ yuè jǐ hào kāixué?
你 几月几号 开学?

③ Nǐ xīngqī jǐ xué Hànyǔ?
你 星期 几 学 汉语?

④ Nǐ de shēngrì shì jǐ yuè jǐ hào?
你 的 生日 是 几月几号?

星期

星 星 星 星 星 星 星 星 星
期 其 期 期 期 其 期 其 期 期 期

xīngqī

요일

● 星 별 성 ● 期 기약할 기

号

号 号 号 号 号

hào

일

● 號 이름 호

生日

生 生 生 生 生
日 冂 日 日

shēngrì

생일

● 生 날 생 ● 日 날 일

放假

放 放 放 放 放 放 放 放
假 假 假 假 假 假 假 假 假

fàngjià

방학(휴가)하다

● 放 놓을 방 ● 假 거짓 가

儿童

儿 儿
童 童 童 童 童 童 童 音 童 童 童 童

értóng

어린이

● 兒 아이 아 ● 童 아이 동

제 9 과 | 现在几点?

1 다음 중국어에 해당하는 발음을 써 보세요.

① 上学
등교하다

② 放学
하교하다

③ 下课
수업이 끝나다

③ 现在
지금

2 서로 바르게 연결하세요.

① 낮 •	• wǎnshang •	• 早上
② 저녁 •	• zǎoshang •	• 中午
③ 아침 •	• zhōngwǔ •	• 晚上

3 주어진 시간을 그려 넣어보세요.

liǎng diǎn
① 两　点

sì diǎn yí kè
② 四点　一刻

liù diǎn bàn
③ 六点半

4 그림을 보고 다음 물음에 대답해 보세요.

Nǐ měitiān jǐ diǎn qǐchuáng?
① 你　每天　几点　起床?

Nǐ jǐ diǎn fàngxué?
② 你几点　放学?

Nǐ jǐ diǎn shuìjiào?
③ 你几点　睡觉?

5 나의 하루 생활을 주어진 단어를 사용해 완성해 보세요.

시계

qǐchuáng
① 7:10   起床

chī zǎofàn
② 8:00   吃早饭

shàngxué
③ 9:05   上学

chī wǔfàn
④ 12:15   吃午饭

xià kè
⑤ 4:45   下课

chī wǎnfàn
⑥ 6:30   吃晚饭

shuìjiào
⑦ 10:00   睡觉

* 晚饭 wǎnfàn 저녁밥

现在

xiànzài

지금, 현재

• 现 나타날 현 • 在 있을 재

现现现现现现现现

正大在在在在

下午

xiàwǔ

오후

• 下 아래 하 • 午 낮 오

下丁下

亻午午午

起床

qǐchuáng

일어나다

• 起 일어날 기 • 床 평상 상

起起起起起起起起起

床床床床床床床

上课

shàngkè

수업하다

• 上 위 상 • 课 매길 과

上上上

课课课课课课课课课课

点

diǎn

시

• 點 점 점

点点点点点点点

1   다음 한자에 해당하는 병음을 쓰고 성조를 표시해 보세요.

① 电话
전화

② 英语
영어

③ 号码
번호

2   다음 한자에 해당하는 발음과 뜻을 써 보세요.

	발음	뜻
① 周末		
② 时间		
③ 日语		

3 서로 바르게 연결하세요.

① 多少 •　　• 영어　　• kòngr

② 空儿 •　　• 얼마　　• yīngyǔ

③ 英语 •　　• 짬　　　• duōshao

4 그림을 보며 대화를 완성해 보세요.

① A Nǐ de shǒujī hàomǎ shì duōshao?
你 的 手机 号码 是 多少?

B _____。

010-371
-1235

② A Tā de shǒujī hàomǎ shì duōshao?
她 的 手机 号码 是 多少?

B _____。

011-4217
-6458

5 다음 물음에 중국어로 대답해 보세요.

① Nǐ jiā de diànhuà hàomǎ shì duōshao?
你 家 的　电话　号码　是　多少?

② Xià Xīngqī liù nǐ yǒu shíjiān ma?
下　星期　六　你 有　时间　吗?

③ Nǐ de Yīngyǔ lǎoshī de shǒujī hàomǎ shì duōshao?
你 的　英语　老师 的 手机　号码　是　多少?

④ Xīngqī tiān nǐ yǒu kòngr ma?
星期天　你 有 空儿 吗?

电话 diànhuà 전화 • 電 번개 전 • 話 말씀 화	电电电电电 话话话话话话话话		

多少 duōshao 얼마 • 多 많을 다 • 少 적을 소	多多多多多多 小小小少		

周末 zhōumò 주말 • 週 주일 주 • 末 끝 말	周周周周周周周周 末末末末末		

时间 shíjiān 시간 • 時 때 시 • 間 사이 간	时时时时时时时 间间间间间间间		

空 kòng 짬, 시간 • 空 빌 공	空空空空空空空空		

1 다음 중국어에 해당하는 병음을 쓰고 성조를 표시해 보세요.

① 图书馆
도서관

② 跟
~와

③ 电影院
영화관

④ 回家
집에 가다

2 다음 한자에 해당하는 발음과 뜻을 써 보세요.

	발음	뜻
① 去		
② 学校		
③ 一起		
④ 外婆		

3 그림을 보고 중국어와 맞게 연결해 보세요.

dìtiě
① 地铁 •

chūzūchē
② 出 租 车 •

fēijī
③ 飞机 •

chuán
④ 船 •

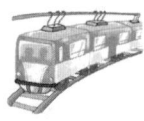

5 다음 중국어를 우리말로 해석해 보세요.

① Wǒ gēn nǔpéngyou yìqǐ qù xuéxiào.
我 跟 女朋友 一起 去 学校。

② Mèimei zuò gōnggòng qìchē qù diànyǐngyuàn.
妹妹 坐 公共 汽车 去 电影院。

③ Tāmen zuò shénme chē qù wàipó jiā?
他们 坐 什么 车 去 外婆家?

去 qù 가다 •去 갈 거	去 去 去 去 去			

坐 zuò 앉다, 타다 •坐 앉을 좌	坐 坐 坐 坐 坐 坐 坐			

骑 qí 타다 •騎 말탈 기	骑 骑 骑 骑 骑 骑 骑 骑 骑 骑 骑			

火车 huǒchē 기차 •火 불 화 •車 수레 거(차)	火 火 火 火			
	车 车 车 车			

地铁 dìtiě 지하철 •地 땅 지 •鐵 쇠 철	地 地 地 地 地 地		
	铁 铁 铁 铁 铁 铁 铁 铁 铁 铁		

제 12 과 ㅣ 你想吃什么?

1 다음 중국어에 해당하는 발음을 써 보세요.

① 喜欢
좋아하다

② 吃
먹다

③ 喝
마시다

④ 小说
소설

⑤ 听
듣다

⑥ 音乐
음악

2 그림을 보고 대답해 보세요.

① A   Nǐ xiǎng kàn shénme?
　　你 想 看 什么?

　 B _____ 。

나는 소설 책이
보고 싶어.

② A   Nǐ xiǎng zuò shénme?
　　你 想 做 什么?

　 B _____ 。

나는 숙제가 하고 싶어.

3 그림을 보고 대화를 완성해 보세요.

① A Tā xǐhuan chī shénme?
　　他　喜欢　吃　什么?

　　B 　＿＿＿＿＿＿＿＿＿＿＿。

나는 과일 먹는 것을 좋아해.

② A Tā xǐhuan hē shénme?
　　她　喜欢　喝　什么?

　　B 　＿＿＿＿＿＿＿＿＿＿＿。

나는 우유 마시는 것을 좋아해.

③ A Tā xǐhuan tīng yīnyuè ma?
　　她　喜欢　听　音乐　吗?

　　B 　＿＿＿＿＿＿＿＿＿＿＿。

나는 음악 듣는 것을 좋아해.

④ A Nǎinai xǐhuan chī shuǐguǒ ma?
　　奶奶　喜欢　吃　水果　吗?

　　B 　＿＿＿＿＿＿＿＿＿＿＿。

나는 과일 먹는 걸 싫어해.

4   한국어와 중국어를 바르게 연결하세요.

① Jīntiān wǒ qǐng kè.
今天　我　请客。   •

② Wǒ xiǎng kàn xiǎoshuō.
我　想　看　小说。   •

③ Niúnǎi hěn hǎo hē.
牛奶　很　好　喝。   •

④ Tài hǎo le.
太　好　了。   •

⑤ Yīnyuè hěn hǎo tīng.
音乐　很　好　听。   •

⑥ Kělè bù hǎo hē.
可乐 不 好 喝。   •

• 음악은 참 듣기 좋다.

• 우유는 맛있다.

• 오늘 내가 한턱낼게.

• 난 소설을 보고 싶어.

• 콜라는 맛이 없다.

• 너무 좋다.

想 xiǎng ~하고 싶다 ● 想 생각 상	想 想 想 想 想 想 想 想 想 想 想 想			

请客 qǐngkè 한턱내다 ● 請 청할 청 ● 客 손님 객	请 请 请 请 请 请 请 请 请 请			
	客 客 客 客 客 客 客 客 客			

喜欢 xǐhuan 좋아하다 ● 喜 기쁠 희 ● 歡 기쁠 환	喜 喜 喜 喜 喜 喜 喜 喜 喜 喜 喜			
	欢 欢 欢 欢 欢 欢			

音乐 yīnyuè 음악 ● 音 소리 음 ● 樂 풍류 악	音 音 音 音 音 音 音 音 音			
	乐 乐 乐 乐 乐			

太 tài 너무, 대단히 ● 太 클 태	太 大 大 太			

제1과 你早

1 ① xiǎoxīn
② wǎn'ān

2 ① māma
② zàijiàn!

3 ① hǎo ——— 你 너
② zǎo ——— 早 이르다
③ nǐ ——— 好 좋다

4 ① Bàba, wan'an!
② Māma zǎo'ān!
③ Bàba, māma! zàijiàn!
   Lù shang xiǎoxīn!
④ Zàijiàn!
   Zàijiàn!

5 ① Māma zǎo'ān!
   妈妈，早安!
   zǎo'ān!
   早安!
② Bàba wǎn'ān!
   爸爸，晚安!
   Wǎn'ān!
   晚安!

③ Zàijiàn!
   再见!
   Míngtiān jiàn!
   明天 见!

제2과 你好吗?

1 ① tóngxué
② lǎoshī

2 ① shēntǐ
② zǎoshang

3 ① máng ——— 渴 목마르다
② è ——— 忙 바쁘다
③ kě ——— 饿 배고프다

4 ① Wǒ hěn kùn!
   我 很 困!
② Wǒ hěn kě!
   我 很 渴!
③ Wǒ hěn máng!
   我 很 忙!
④ Wǒ bú è!
   我 不 饿!

5 ① 건강하시죠?

② 요즘 저는 바쁘지 않아요.

③ 어머니는 안녕하세요?

④ 괜찮아요!

제 3 과 **你叫什么名字?**

1 ① shénme

② míngzi

③ nǐmen

④ qǐng wèn

2 ① 우리

② 공부하다

③ 그

3 ① Nǐ jiào shénme míngzi?
你 叫 什么 名字?

② Wǒmen yìqǐ xuéxí ba!
我们 一起 学习 吧!

③ Hǎo ba!
好 吧!

4 ① 너 이름이 뭐니?

② 알게 되어 기뻐.

③ 우리 친구하자.

제 4 과 **你家有几口人?**

1 ① Hànyǔ

② xiōngdì

③ yéye

2 èr wǔ bā jiǔ
二 五 八 九

3 ① yǒu ────── 多 많다

② liǎng ────── 有 있다

③ duō ────── 两 둘

4 ① Wǒ jiā yǒu sì kǒu rén.
我 家 有 四 口 人。

② Wǒ méiyǒu xiōngdì jiémèi.
我 没有 兄弟 姐妹。

③ Wǒ méiyǒu nǚ péngyou.
我 没有 女 朋友。

④ Wǒ jiā yǒu bàba、 māma、
我 家 有 爸爸、妈妈、

yí ge dìdi hé wǒ.
一个 弟弟 和 我。

5 ① 나는 외동딸이다.

② 선생님 집에는 여덟 식구가 있다.

③ 우리 집에는 할머니, 아빠, 엄마, 언니 한 명
과 내가 있다.

④ 내 친구는 남동생이 없다.

제5과　**你多大?**　　　　제6과　**你是哪国人?**

1　① niánjí　　　　　　　**1**　① jiāxiāng

　② niánjì　　　　　　　　　② Rìběn

　③ zhōngxué　　　　　　　　③ Běijīng

2　shǔ　　yáng　　shé　　**2**　① nǎr　　　어디

　hǔ　　niú　　zhū　　　　　② Yīngguó　영국

　　　　　　　　　　　　　　　③ rén　　　사람

3　① Nǐ jǐ suì?　　　　　　　④ Shǒu'ěr　서울
　　你几岁?

　② Wǒ shàng xiǎoxué yī niánjí.　**3**　① Tā shì Hánguó rén.
　　我　上　小学　一年级。　　　　他　是　韩国　人。

　③ Nǐ duō dà?　　　　　　　② Tā bú shì Rìběn rén,
　　你　多大?　　　　　　　　　他　不是　日本　人,

　④ Nǐ shǔ shénme?　　　　　　shì Zhōngguó rén.
　　你　属　什么?　　　　　　　是　中国　人。

4　① 네 할아버지는 올해 연세가 어떻게 되시니?　③ Tā shì nǎ guó rén?
　　　　　　　　　　　　　　　他　是　哪国人?
　② 내 오빠는 고등학교 2학년이야.

　③ 나는 용띠야.　　　　　　**4**

52

제7과 这是什么?

1
① shǒujī
② kāfēi
③ shū

2
① shéi 누구
② cídiǎn 사전

3
① Zhè shì shénme?
　这　是　什么?

② Nà shì qiānbǐhé.
　那　是　铅笔盒。

③ Nà shì jiějie de shǒujī.
　那　是　姐姐的　手机。

4
① 이것은 내 공책이야.
② 내가 너의 핸드폰을 좀 써도 될까?
③ 내가 너의 커피를 조금 마셔도 될까?
④ 물론이지.

제8과 今天几月几号?

1
① shēngrì
② fàngjià

2
① 昨　　　明
　zuótiān　míngtiān

② 四　　　六
　sì　　　liù

③ 上　　　下
　Shàng　　xià

3
① Jīntiān qī yuè bā hào.
　今天　七月八号。

② Zuótiān xīngqī èr.
　昨天　　星期二。

③ Wǒ qī yuè èrshí bā hào fàngjià.
　我七月　二十八号　放假。

④ Míngtiān shì wǒ de shēngrì.
　明天　　是我的　生日。

4
① Wǒ māma de shēngrì shì○ yuè ○hào.
　你　妈妈的　生日是○月　○号。

② Wǒ ○ yuè ○ hào kāixué.
　我　○月○号　开学。

③ Wǒ xīngqī ○ xué Hànyǔ.
　我　星期○学　汉语。

④ Wǒ de shēngrì shì ○ yuè ○ hào.
　我的　生日是○月○号。

第9과 **现在几点?**

1 ① shàngxué

② fàngxué

③ xiàkè

④ xiànzài

2 ① 낮   wǎnshang   早上

② 저녁   zǎoshang   中午

③ 아침   zhōngwǔ   晚上

3

①

②

③

4 ① Wǒ měitiān qī diǎn qǐchuáng.
　　 我 每天 七点 起床。

② Wǒ sān diǎn shí fēn fàngxué.
　　 我 三点 十分 放学。

③ Wǒ shí diǎn bàn shuìjiào.
　　 我 十点 半 睡觉。

5 ① Wǒ qī diǎn shí fēn qǐchuáng.
　　 我 七点 十分 起床。

② Wǒ bā diǎn chī zǎofàn.
　　 我 八点 吃 早饭。

③ Wǒ jiǔ diǎn líng wǔ fēn shàngxué.
　　 我 九点 零 五分 上学。

④ Wǒ shí'èr diǎn yí kè chī wǔfàn.
　　 我 十二点 一刻 吃 午饭。

⑤ Wǒ sì diǎn sān kè xià kè.
　　 我 四点 三刻 下课。

⑥ Wǒ liù diǎn bàn chī wǎnfàn.
　　 我 六点 半 吃 晚饭。

⑦ Wǒ shí diǎn shuìjiào.
　　 我 十点 睡觉。

第10과 **你的电话号码是多少?**

1 ① diànhuà

② Yīngyǔ

③ hàomǎ

2 ① zhōumò   주말

② shíjiān   시간

③ Rìyǔ   일본어

3
① 多少 — 얼마 — duōshao
② 空儿 — 짬 — kòngr
③ 英语 — 영어 — Yīngyǔ

4
① Wǒ de shǒujī hàomǎ shì
我 的 手机 号码 是
líng yāo líng - sān qī yāo -
零 一 零   三 七 一
yāo èr sān wǔ.
一 二 三 五。

② Tā de shǒujī hàomǎ shì
她 的 手机 号码 是
líng yāo yāo - sì èr yāo qī
零 一 一   四 二 一 七
liù jiǔ wǔ bā.
六 九 五 八。

5
① Wǒ jiā de diànhuà hàomǎ shì
我 家 的 电话 号码 是
_____。

② Xià xīngqī liù wǒ
下 星期 六 我
_____。

③ Wǒ de Yīngyǔ lǎoshī de
我 的 英语 老师 的
shǒujī hàomǎ shì
手机 号码 是
_____。

④ Xīngqītiān wǒ
星期天   我
_____。

제 11 과   你去哪儿?

1
① túshūguǎn
② gēn
③ diànyǐngyuàn
④ huíjiā

2
① qù   가다
② xuéxiào   학교
③ yìqǐ   함께
④ wàipó   외할머니

3
① 地铁
② 出租车
③ 飞机
④ 船

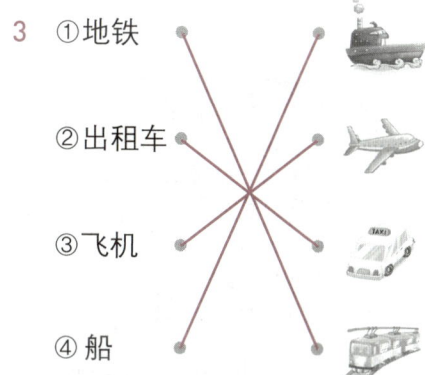

5
① 나는 여자 친구와 함께 학교에 간다.
② 여동생은 버스를 타고 영화관에 간다.
③ 그들은 무엇을 타고 외할머니 댁에 가니?

제 12 과 你想吃什么?

1 ① xǐhuan

② chī

③ hē

④ xiǎoshuō

⑤ tīng

⑥ yīnyuè

2 ① Wǒ xiǎng kàn xiǎoshuō.
　　我　想　看　小说。

② Wǒ xiǎng zuò zuòyè.
　　我　想　做　作业。

3 ① Tā xǐhuan chī shuǐguǒ.
　　他　喜欢　吃　水果。

② Tā xǐhuan hē niúnǎi.
　　她　喜欢　喝　牛奶。

③ Tā xǐhuan tīng yīnyuè.
　　她　喜欢　听　音乐。

④ Nǎinai bù xǐhuan chī shuǐguǒ.
　　奶奶　不喜欢　吃　水果。

4 한국어와 중국어를 바르게 연결하세요.

① ●　　　　　● 음악은 참 듣기 좋다.

② ●　　　　　● 우유는 맛있다.

③ ●　　　　　● 오늘 내가 한턱낼게.

④ ●　　　　　● 난 소설을 보고 싶어.

⑤ ●　　　　　● 콜라는 맛이 없다.

⑥ ●　　　　　● 너무 좋다.

56